大洋彼岸的陌生人

闫亮 著

中国移民
美国纪事

新华出版社

图书在版编目（CIP）数据

大洋彼岸的陌生人：中国移民美国纪事 / 闫亮著.

北京：新华出版社，2016.8

ISBN 978-7-5166-2450-0

Ⅰ.①大…　Ⅱ.①闫…　Ⅲ.①华人—移民—研究—美国　Ⅳ.①D771.238

中国版本图书馆CIP数据核字（2016）第197819号

大洋彼岸的陌生人：中国移民美国纪事

作　　者：闫　亮

责任编辑：张　谦　　　　　　　　　责任印制：廖成华
封面设计：今亮后声

出版发行：新华出版社
地　　址：北京石景山区京原路8号　　　邮　　编：100040
网　　址：http://www.xinhuapub.com
经　　销：新华书店
购书热线：010-63077122　　　　　中国新闻书店购书热线：010-63072012

照　　排：钟铉工作室
印　　刷：北京凯达印务有限公司

成品尺寸：170mm×240mm　1/16
印　　张：14.5　　　　　　　　　　字　　数：220千字
版　　次：2016年11月第一版　　　　印　　次：2016年11月第一次印刷

书　　号：ISBN 978-7-5166-2450-0
定　　价：36.00元

如有印装质量问题，请与印刷厂联系调换：010-63077101

序　言

由于众所周知的原因，移民域外成为近年来国人最热门的话题之一。而美国以其雄厚的经济实力、对待移民相对宽容的社会环境、能够为移民提供广阔的发展空间和工作机会等因素成为中国移民的首选国。

那么，移民美国有哪些途径？移民之后的生存和生活条件如何？移民美国有哪些必须注意的法律规定？申请移民过程中有什么陷阱，如何规避？美国政府和民众对待外来移民的态度如何？移民问题如何影响着美国的内政外交？诸如此类有关移民美国的问题，在闫亮先生的著作《大洋彼岸的陌生人》中都可以找到满意的答案。

若要读其书，必先知其人。作者闫亮是北京外国语大学美国研究中心2005级硕士研究生，笔者有幸成为他的老师。硕士时期的闫亮好学、善思、稳重、活泼，成绩优良，担任班长。2008年硕士毕业后，他应聘到新华社国际部工作，此书正是根据他在2012年5月至2014年6月常驻芝加哥分社时的采访和考察完成的。

此前，闫亮先生根据自己派驻阿富汗一年多的采访和经历，还写过《撕裂的天堂——聚焦阿富汗战争10周年》一书，2012年由人民日报出版社出版。在两次担任驻外记者期间，除了完成新华社的采访写稿任务，还抓住引人关注的重要问题，而后撰写两部著作，闫亮先生敏锐的洞察力、丰富的想象力，以及勤于笔耕的精神令人钦佩。

《大洋彼岸的陌生人》是一部内容丰富、图文并茂并能引人反思的纪实性著作。作者以纪实的手法，有代表性地描述了若干生活在不同城市、以不同方式移民美国的中国人在美国的真实生活，巧妙地把移民美国的各种途径、移民美国的各种法律规定、移民美国的各种陷阱、关于移民的美国内政外交等问题融于故事之中，娓娓道来，引人入胜。

《大洋彼岸的陌生人》一书资料翔实、新颖，主要描写改革开放以后移民美国人士的经历，对美国最新的移民改革、移民法规和移民实践进行了详细的解读。书中还穿插有不少关于美国政治、经济、文化及社会方面的照片，这是以记者敏锐的眼光以及美国研究硕士毕业生视角拍下的现实美国，可读性和趣味性强，颇具价值。毫不夸张地说，这是一部栩栩如生的移民指南，但又绝对不仅仅是一部移民美国的实操指南读物。该书对具有特殊才能中国人的职业移民、中国富豪阶层投资移民、在美华裔非法移民、中国中产阶级家庭生育移民、美国移民政策改革动向、中美高科技人才流动"逆差"，以及这一现实可能给中国带来的负面效应等问题都进行了深入探讨，是一部契合中美新型大国关系时代背景、着重反映中国新移民在美国生活现实、并对中国有关机构堵住财富外流"黑洞"、出台相应政策具有借鉴意义的倾心之作。

移民虽然是个大众的话题，但更涉及严肃的法律问题。如何让读者在阅读严肃内容的同时感到轻松，确实非常困难，但对于善于学习的记者来说，并非如此。本书的语言雅俗共赏，诙谐幽默，时尚而不庸俗，许多表达令人叫绝。此外，书中引述当事人的原话，贴近生活，感染力强。

移民美国，是一个热门的话题，更是一个值得反思的话题。在普罗大众想方设法移民国外的时候，闫亮先生对中美人才流动逆差问题的探讨与反思，体现了一位国家通讯社记者对祖国高度的责任感和使命感。我们盼望能有那么一天，不仅中国人都能在自己的祖国享受体面的生活，而且外国的精英也愿意涌向中国工作和生活。

李期铿

北京外国语大学英语学院教授、美国夏威夷大学孔子学院中方院长

2015年3月于美国夏威夷

自序：从芝加哥中国投资移民被骗说起

2013年3月，美国迄今为止最大的投资移民诈骗案逐渐浮出水面，震惊大洋两岸。

美国证券交易委员会在官方网站披露，这起投资移民诈骗案件涉及250多名投资者，其中大多数来自中国大陆，涉及1.45亿美元投资款和1100万美元"管理费"。

证券交易委员发布的报告显示，本案被告安什·塞西（Anshoo R. Sethi），居住在美国伊利诺伊州，涉嫌以高额回报和联邦签证项目获取美国绿卡为幌子，对外国投资者进行欺诈。为了实现欺诈目的，塞西创建了芝加哥会议中心和芝加哥洲际区域中心信托两家公司，对250多名投资移民客实施了诈骗。

幸运的是，由于美国监管机构及时介入，采取措施冻结相关资金，对被告采取控制措施，历经数次庭审，中国投资者的移民投资款最终基本被追回。不过，投资者梦寐以求的美国绿卡打了水漂，近在咫尺的"美国梦"就此搁浅。

本案中，中国投资者申请的项目为EB－5投资移民项目（EB－5 Immigrant Investor Pilot Program）。根据美国的投资移民政策，如果外国投资者在美国的项目投资达100万美元（或者在失业率高的"目标就业地区"投资50万美元），除本人和直系亲属外，如果能创造或保持至少10个工作岗位，则有条件获得美国绿卡。当然，具体申请程序可能会复杂一些，包括怎样申请由临时绿卡转为永久绿卡等，但对不少中国有钱人而言，这是一条移民美国的较为便捷的途径。

拿美国绿卡，拥有合法身份，实现"美国梦"，加入美国国籍是不少人

1

的梦想，其中也包括大批中国人，其主要原因在于一纸美国绿卡和国籍的"内涵"相当丰富。

从历史上看，在自由女神的感召下，来自世界各地的移民为美国提供了充裕的劳动力，带来了先进技术和大笔资金，为美国提供了一批批优秀人才，涵盖各行各业，对美国的价值不可估量。

因此，长久以来，美国被视为一个移民国家，其强大的国力、在国际上的主导地位均得益于其移民政策。不过，美国的移民政策从来就不是兼收并蓄，在特定的历史时期出现过针对特殊族群的歧视政策，甚至带有明显的种族主义色彩，如1882年通过的针对中国公民的《排华法案》。

近些年，受金融危机影响，美国移民政策的"选择性"和"倾向性"愈发突出，主要目的在于吸纳人才、网络资金，吸引世界各国的优秀人才和资金为其所用，如美国国防部"紧缺人才征兵计划"、EB－5投资移民和创业签证3.0项目等等。

对于打算移民美国的中国投资移民而言，移民美国原本无可厚非，但芝加哥中国投资移民诈骗案中，大多数遭遇诈骗的中国公民不愿公开自己的遭遇和身份，躲躲闪闪，让人生疑：他们是谁，移民动机是什么，资金来源是否合法，为什么会被骗？千方百计移民美国又折射出什么社会问题？

相信，读完本书你能找到问题的答案。

中国侨联海外律师顾问、芝加哥中国投资移民诈骗案代理律师王志东说，这一案件的中国投资者在中国的经济水平较高，即通常所说的"先富起来的一部分人"，他们受益于中国30多年的改革开放政策，在美国遭骗后仍心存顾虑，不愿意对外公开真实身份，担心遭遇"网络人肉"。

概括来讲，近代以来，中国经历了三次大的移民浪潮：前两次分别是劳工移民潮和技术移民潮。而本案涉及的中国人移民美国属于中国海外移民的第三次浪潮。第三次移民潮，以投资移民和教育移民为主，不少中国富豪通过投资移民，在美国投资、购房，其中不乏一批"裸官"和"裸商"。

不可否认，打拼在美国的中国移民中，也不乏很多积极拼搏的正能量代表。他们凭借聪明才智，勤奋肯干，闯出了一片属于自己的天地，在各行各业甚至在美国政坛也享有较高的知名度，在异乡的土地上，赢得了美国人的掌声和称赞。

他们的故事值得记录与分享，更值得深思。

本书分为六章，内容涵盖美国职业移民政策、投资移民案例、非法移民现状、生育移民现象、移民政策变革和中美人才"逆差"现实。由于记者身份使然，我力求以纪实手法，还原中国移民在美国的现状，既包括那些事业有成的杰出华人代表，也涵盖了那些被美国主流社会淹没的平凡角色——中国非法移民，同时也涉及那些平时生活中你可能接触到，但却不曾真正熟悉的"陌生人"。

通过分享中国移民在美国打拼的故事、成长的经历、奋斗的心酸、幸福的泪水，我希望能给将来打算移民美国的中国人一些借鉴，也希望中国当政者能深刻反思移民现象折射出的社会问题，找到破解之道，早日实现国家富强、民族振兴和人民幸福的中国梦。

闫亮

2014年8月9日于北京

目 录

CONTENTS

第一章　职业移民：梦想·艺术·现实
——那些年我们遗落在大洋彼岸的梦

艺术家的创作水平，以及本身对绘画的认知、理解和爱好，是决定他能否被美国主流社会所接受的关键因素。美国人对艺术的欣赏水平、衡量标准和了解程度较高，"不管你在国内多有名，担任什么职务……他们就看你的画能否达到他们的欣赏水平。主流社会接受就说明你的水平高，这就是美国"。

人生，不能没有梦想。没有梦想，就丢失了希望。

2013年12月8日，星期日。美国芝加哥，大雪皑皑。

在距离芝加哥市中心大约40分钟车程的芝加哥北郊，我们见到了旅美华裔工艺大师姜学炳。70多岁的他从中国上海回来一周了，但依然放心不下他在上海举办个人画展的事。

1985年，姜学炳告别家人，独自一人从上海来到芝加哥闯荡。如今，年逾古稀的他在芝加哥华人圈里小有名气，其作品也被美国主流媒体多次报道，并被多位美国总统收藏。他的打拼经历，不仅仅属于他一个人，更属于上世纪80年代出国留洋的那一批中国人，那些怀揣艺术梦想的人。

从芝加哥著名观景台汉考克中心观景台俯瞰芝加哥

姜学炳同志:

英明领袖华主席为首的党中央，决定建立毛主席纪念堂，代表了亿万人民的共同心愿。

在毛主席纪念堂建设中，你们深切怀念毛主席，无比爱戴华主席，在工作中做出了贡献。

让我们共同怀念毛主席的丰功伟绩，继承毛主席的遗志，把无产阶级革命事业进行到底！

毛主席纪念堂专用设备研制组
一九七七年七月

1976年，姜学炳36岁，在中国国内的工艺设计圈内颇有名气。毛主席逝世后，他被指定参与毛主席纪念堂瞻仰大厅的美术设计。至今，姜学炳都小心翼翼地保留着毛主席纪念堂专用设备研制组颁给他的证书，堪称那个时代赋予他的最高荣誉。1985年，姜学炳阔别上海，告别亲人，来到了芝加哥。那一年，徐丹江只有17岁，在中国东北吉林读高中，对画画着迷，但是学习成绩一直不太好。

借助姜学炳的画笔，中国古典文学《红楼梦》中的"十二金钗"走进了美国人的心中。姜学炳以扎实的绘画功夫和细致入微的细节刻画，让《红楼梦》的人物在美国人的心中深深烙上了印记。徐丹江，以简单的"实用主义"哲学，赢得了美国市场的认可，身份由"黑"漂"白"，在芝加哥过上了用他自己的话说"特别值"的生活。

姜学炳和徐丹江，当初两个在中国没有任何交集的人，如今，同属芝加哥华裔艺术家的圈子，都生活在北美五大湖之一——密歇根湖畔的芝加哥。一位擅长工笔水彩，一位以抽象画风赢得市场的认可；一位依靠大学生圣诞贺卡比赛头奖赢得绿卡，一位在芝加哥"黑"了十年，终获绿卡。他们的故事从芝加哥开始……

第一节：怀揣27美金闯美国

1985年8月30日，芝加哥的夏意尚浓。就在这一天，45岁的姜学炳历尽艰辛，终于踏上了他的梦想之地——远在大洋彼岸的美国芝加哥。

芝加哥位于美国中西部伊利诺伊州，是美国第三大城市，因一年四季多风，便有了"风城"的美誉。当地人常说，走过短暂的春夏，告别鲜花的烂漫，芝加哥将迎来漫长的冬季。而芝加哥的夏季，堪称一年中最美丽的季节。

漫步在碧波荡漾的密歇根湖畔，观海鸥嬉戏；徜徉在鲜花烂漫的千禧公园，赏姹紫嫣红；陶醉在芝加哥艺术博物馆，叹绮丽瑰宝……这一切都会让你情不自禁，不知不觉迷上她。

芝加哥有让你流连忘返的魅力，也有让你躲闪不及的"冷酷"。用当地人表述冬天的一句话说，"你永远无法适应它"（You can never get used to it）。芝加哥的冬天，冷得让你惊慌失措，躲闪不及，听当地人讲这是拜其毗邻的密歇根湖所赐。

从纬度上看，美国芝加哥与中国东北的哈尔滨相近。冬季，冷风从密歇根湖湖面吹来，加剧了人体对温度的敏感识别度。倘若再遇上一场风雪，即便是在外面站上一小会儿，都会让你萌生迅速逃离这座城市的念头。

正是在这样一个鲜花烂漫的美丽季节，姜学炳踏上了理想之地。但是，此时此刻的他根本来不及体味些许的喜悦，内心的惶恐让他惴惴不安。当时，上海至芝加哥没有直达航班。出国前在上

密歇根湖冬日的冰岸

海工作的姜学炳先搭乘班机到旧金山，然后从旧金山转机芝加哥。不幸的是，一到旧金山，搭乘的中国航空公司航班晚点，姜学炳没能赶上飞往芝加哥的航班。

上世纪80年代，中国刚刚实行改革开放政策不久，国内的消费品短缺，急需从国外引进生产线，而可供出口的中国产品少，美元十分紧俏。姜学炳去美国时身上只带了换来的区区不到27美金。

在旧金山入关的时候，移民官看了看姜学炳的学生签证，问了他一句话，至今让他印象深刻。

"Do you have money？"

移民官仔仔细细把他上下打量了一番，等姜学炳回过神来，知道说的是钱的事，移民官已经挥挥手，让他入了关。

人生地不熟。

原本想在候机大厅过夜，但是由于担心安全，姜学炳决定找个地方住一晚。不到27美金，住宾馆是远远不够的。

终于，在机场附近，姜学炳找到了一家价格便宜的旅馆。他连说带比划："我身上只有27美金，能不能让住一晚上。"

老板很善良。

仅有的不到27美金悉数给了汽车旅馆老板，此时的姜学炳已身无分文。第二天，也就是1985年8月30日，姜学炳从旧金山搭乘航班，来到了芝加哥奥黑尔国际机场。

刚到机场，语言不通，两眼一抹黑，原本说好要来接机的好朋友并没有出现，举目无亲，身无分文，他只好在候机大厅熬了一晚上。这一夜，让刚刚踏上美国的姜学炳着实感受到了混迹在"美帝国主义"的不易。

第二天，连打电话的钱都没有，姜学炳找到电话亭，在别人的帮助下，打了一个对方付费电话（collect call）给他在芝加哥的好朋友。在奥黑尔国际机场等待了七、八个小时之后，他的朋友终于出现了。

朋友的露面，像是一根救命稻草。

原本以为心里悬着的一块石头终于可以落地了，但行李却找不到了。"当时，我真是非常紧张"，姜学炳说。因为在旧金山降落的航班晚点，只能搭乘第二天飞往芝加哥的航班，但行李却出现了问题。

两天后，在朋友的帮助下，姜学炳拿到了自己的行李。拿到行李时，行李箱已经破损不堪，"当时箱子的质量也不好，已经破成了两半。他们拿了一根绳子给我把箱子捆起来。当时，真是很寒酸……心里有一种说不出的滋味，没想到到了异国他乡，竟然是那个样子。"

所幸的是，姜学炳用行李箱携带的衣服和画笔都在。后来，在朋友的帮助下，姜学炳来到了芝加哥城市学院——哈里·S·杜鲁门学院，开始了他的美国求学经历。

说是求学，求生可能会更加贴切一些。

1984年12月26日，中国国务院颁发了《关于自费出国留学的暂行规定》。规定指出，自费出国留学是培养人才的一条渠道，也是贯彻对外开放政策、引进国外智力的一个方面。国家对自费出国留学人员在政治上与公费出国留学人员一视同仁。各级政府和基层单位应支持和关心自费出国留学人员，鼓励他们早日学成回国，为祖国社会主义现代化建设事业服务。[1]

暂行规定颁布的第二年，姜学炳走出了国门。作为80年代在美中国留学生，首先面对的是生存问题。在残酷的生存现实面前，追求艺术创作的梦想显得格外苍白无力。为了攻克语言难关，姜学炳痛下决心，一下子选修了四门英语课程。

"哎呀，弄得我苦得不得了。一篇英语课文，打开以后，全部是生词。我只能查字典，从第一个查起，查到最后一个，天都亮了。整整翻（字典）了一个晚上，我想这样不行，肚子没有办法填饱。"

回忆起这些过了几十年的陈年往事，姜学炳的脸庞依然清晰地透出当年的苦楚。"很苦啊，我当时45岁了，不像你们年轻人。" 大概过了一年多的时间，语言难题差不多被攻克了。"我的朋友都是美国人。他们教我英语，都是我的老师， 画廊的老板对我也很好。他们喜欢我的作品，对我的作品很感兴趣。"

后来，姜学炳选修了两门英语课，两门艺术课。"艺术课我根本不需要做

---

① 由于适用期已过，实际上已经失效。2008年1月国务院宣布废止了这一行政命令。

功课，因为我的工笔画基础扎实，画得很好。"

有一次，芝加哥艺术学院的知名教授到杜鲁门学院去给他们上课。那时候，姜学炳根本没有钱交学费。"课堂上，美国学生叽叽喳喳乱讲话，我很守规矩，（实际上）我也讲不了话（英文不好），只能拿着画笔画画"，姜学炳笑着说。

"老师讲课，我就认真听。老师说画，我就画。"

这位教授布置命题作业，让他们画"窗外的风景"。不用一会儿，这位教授画了一幅，贴在黑板上，让学生们临摹。两个小时后检查作业。当这位教授走到姜学炳面前，看到他的作业时，眼前忽然一亮说，"你比我画得好"，而他当时是芝加哥艺术学院的教授。

教授把姜学炳的画拿过去，挂在黑板上，把自己的作品拿下来撕掉，扔在了垃圾桶里。后来，这件事惊动了院长。

就是这一幅"窗外的风景"，使姜学炳获得了奖学金和勤工助学的机会，不用像其他人那样去餐馆打工了。芝加哥艺术学院的院长找到姜学炳，问他有什么要求？姜学炳说，"我现在付不起学费，怎么办？"

院长说："没关系，学费给你免了。"

实际上，"学费给你免了"，是杜鲁门学院不用姜学炳补交学费了。

抵达芝加哥以后，姜学炳根本没有钱租房子，交学费更是无从谈起。幸运的是，当地一家教会给留学生们提供一些费用很低的宿舍。"每月100块美金，（那里）离我上学的地方每天步行20分钟。解决了我的住宿问题。"

即便是100美金的住宿费，对姜学炳来说，也是一个天文数字。教会让他先住下来，等有了钱之后再补交。为了节省每一块美金，姜学炳每天步行去学校，其他条件好的同学则乘坐公交车去学校。杜鲁门学院负责留学生事务的主管知道了姜学炳的难处，很同情他。在这名主管的帮忙和协调下，杜鲁门学院让姜学炳先读书上课，等凑齐学费后再补交。

"窗外的风景"为姜学炳免去了拖欠的学费。同时，也让他得到了一个勤工俭学的机会，"学校让我在校报上画一些东西，给我一些报酬，钱不多，但生活费就够了，当时学生时代的生活很简单"。

就这样，过了3年。姜学炳在杜鲁门学院一边兼职，一边学习。这段时间的艺术学习让姜学炳开阔了视野，为今后的艺术创作，尤其是在现代画的创作中融入西方视角奠定了基础，同时也为他的一些作品被美国主流社会所接受创造了条件。

第二节："饥饿的艺术家"

1992年，一部反映中国在美移民题材的电视剧《北京人在纽约》红遍大江南北。剧幕开头有这样一句话"如果你爱一个人，请把他送到纽约，因为那里是天堂；如果你恨一个人，也把他送到纽约，因为那里是地狱。"

谈到艺术，人们不得不谈起美国第一大城市——纽约。纽约是文化的聚集地，也是中国艺术家前赴后继、追逐梦想的朝圣地。在艺术家必去的十大圣地中，纽约位居榜首。因为在纽约没有朋友，姜学炳当初并没有选择纽约，而是来到了芝加哥。

但是，在美国，华裔艺术家以及他们的作品能被主流社会所接受并非一件易事。美国艺术圈内的竞争十分激烈，用姜学炳的话说就是"要凭真本事吃饭"。

出国之前，姜学炳在上海工艺美术公司工作，后来当选为上海市工艺美术协会副理事长，每个月有八九十块人民币的工资，满足一个四口之家的基本生活问题不大。来美国前，姜学炳满怀信心地认为，凭借他的个人绘画才能很快就能在美国站稳脚跟。理想总是很丰满，现实却太骨感。

80年代的中国，与姜学炳一样，大部分艺术工作者在艺术协会、文联、画院或与政府相关的机构谋得一份稳定工作，有固定收入，可以相对安心地从事艺术创作，不用为五斗米折腰。但来到美国以后，除面对生存压力、语言不通等困难外，最重要的是要改变思维习惯和观念，有的甚至是艺术创作风格，才能被美国主流社会接受。

可以想象，如果没有其他可以谋生的职业或渠道，仅靠绘画，要在美国立足是何等的艰难。因此在艺术圈内流行这样一句话叫"starving artists"，意思是"忍饥挨饿的艺术家"。

刚到美国时，姜学炳也创作过山水画等，但效果不佳。经过一番仔细摸索，他把主要精力放在了美国民众比较容易接受的人物画和现代画，其创作手法也融入了西方艺术技巧，力求符合美国人的审美观。

国画和油画不同，东方艺术重主观，西方艺术重客观。中国画重神韵，西洋画重形似。中国国画讲究意境深远，但对于美国人来说，由于文化背景不同等原因，深远的意境让他们难以理解。在美国人的思维当中，他们更倾向于油画，色泽明快，立体感强。

《红楼梦——十二金钗》是姜学炳的得意之作，前后历经7年创作完成。细细观察，尤其是人物的面部造型，你会发现，寓意、意象均能表现出华夏的文化色彩和审美情趣，同时又融入了西方的创作技术技巧，融山水画于人物画之中。

作为人物画的工艺描摹，十二金钗细致入微，纤毫尽显，肖似真人，胜似真人。细细品味，十二金钗不仅有十二张美脸，更显现出十二个心性。薛宝钗就是薛宝钗，王熙凤就是王熙凤，个性尽显，毫无雷同，可谓鬼斧神工。

《宝钗》——姜学炳作品

不过，如果你仔细观察，十二金钗的眼睛，都被姜学炳画成了双眼皮。读过《红楼梦》的人都知道，"一双丹凤眼，两弯柳叶眉。粉面含春威不露，丹唇未启笑先闻"，描写的正是被贾母称之为"凤辣子"的王熙凤。

当我向他询问为何把人物的眼睛都画作双眼皮时，姜学炳笑着解释说，艺术源于生活，但高于生活，之所以这样画是为了迎合美国人喜欢"大眼睛"的审美观。《红楼梦——十二金钗》系列12幅作品，姜学炳前前后后一共花了7年时间。完成这一系列作品时，姜学炳已经55岁了。

1995年10月18口，姜学炳将《宝钗》一幅、《红楼梦》工艺彩盘6件和《西湖民间故事》系列工艺彩盘一套赠送给了人民大会堂收藏。全国人大常委会办公厅人民大会堂管理局专门给姜学炳颁发了收藏证书。

然而，并不是所有来美国追寻梦想的艺术工作者都能像姜学炳那样幸运。姜学炳说，在芝加哥唐人街，称得上"混出来"的艺术家不多，他所认识的只有周氏兄弟、涂志伟和岭南派国画大师陈海韶。同属芝加哥绘画艺术圈的胡大江，生于1953年，祖籍广州，1986年来美国之前，在广州美术学院从事美术理论教学及"透视和视知觉理论"研究。

胡大江爱好绘画，闲着无事可以画上几笔，当初选择来美留学也是为了能继续探讨美术理论。爱好可以，但是依靠绘画维生，对很多打拼在芝加哥的华裔艺术家来说，难度相当大。回忆起自己的经历，胡大江说，刚到美国时没有什么钱，随身携带的大约2000美金基本上全部交了语言班的学费，为了能活下去，只能到中餐馆打工，很辛苦。

胡大江说，在美国，仅依靠绘画就能谋生的人很少，许多从事绘画工作的人一般都有固定工作，在保障生活的前提下再去搞创作。如果是美术教师的话，可能会好一些，但教师也需要任教。

在芝加哥地区，专业画家有，但凤毛麟角。在胡大江看来，专业画家就是要以绘画谋生，有专门的画廊从你那里长期"订货"，作品在市场上销售得很好，"在芝加哥，我知道的（专业）画家不多，大概三五个吧，我的姐夫涂志伟就是其中一位"。

根据芝加哥当地史料记载，第一位来到芝加哥的华人名为梅宗周，广东台山人，据说也是芝加哥中国城的创始人。1878年，这位梅姓先辈来到芝加哥以后，发现当地民众较为友善，排华现象没有西海岸那么严重，便写信告知亲朋好友。随后，仅在1878年这一年，便有80多名华人来到芝加哥。

按照地理位置划分，芝加哥的中国城可以分为南华埠和北华埠。由于南华埠华人人口、商铺数量、社团影响等远远大于北华埠，因此，如今人们提起芝加哥的中国城，通常是指南华埠，而北华埠的居民主要以越南裔为主。芝加哥中国城的标志性建筑，例如"天下为公"牌坊、九龙壁和十二生肖华埠广场都位于南华埠，成为许多中国游客游览的必选项。

"天下为公"牌坊——芝加哥中国城标志性建筑

芝加哥市政府官方网站数据显示，2000年至2010年，芝加哥南华埠所在的阿穆尔广场（Armour square）社区人口由12032人增长至13391人，增长率为11.3%，而整个芝加哥市区的人口增长率为负6.9%，也就是说下降了6.9%。①

数据显示，2000年，整个芝加哥市区的人口数量为289.6016万；2010年，市区人口数量下降至269.5598万。考虑到非法移民和人口统计误差等因素，中国城的实际华人数量将大于官方统计数据。

作为圈内人士，胡大江介绍说，靠绘画维生的华裔专业画家数量很少，只有为数不多的几位，称得上不错的有涂志伟和周氏兄弟，"但当时来美国自称艺术家，或者从事美术的，那很多，估计有五六十人"。

当我问他是否听说过姜学炳时，胡大江说："姜学炳，我认识。他本人在国内就画得不错，他儿子生意做得不错，至于他自己在美国卖画的情况，我不太了解。"

---

① Community Area 2000 and 2010 Census Population Comparisons，http://www.cityofchicago.org/city/En/dEpts/dcd/supp_info/community_arEa_2000and2010cEnsuspopulationcomparisons.html

美国在意识形态和艺术发展领域没有特定的框架，为来自中国的艺术家在美国自由发展提供了广阔空间。涉及绘画领域，各流派自由发展，只要在政府部门合法登记，艺术家们便可以自由结社。华裔艺术家可以以会员身份，参加社团组织和作品展览，只要交纳一定的会费就可以。

胡大江说："我们来美国的时候（上世纪80年代），写实油画比较没落了，大家都搞抽象派了，但还是有一批人喜欢写实的，虽然当时他们水平不太高，但有了兴趣和爱好的支撑也就坚持画了下来，当然也存在这方面的社团组织。"

胡大江介绍说，这些中国大陆的艺术家，包括涂志伟在内，尤其是在美术学院接受过专业训练、对写实感兴趣的艺术工作者，便加入了一些美国全国性的写实油画组织，再加上定期组织的画展、评奖、杂志宣传，这一批画家逐渐成长起来，他们的作品在画廊里的出售情况也相对理想。

由于是华裔身份，他们的作品在中国大陆、香港和台湾也有一定的市场。不过，华裔画家在美国的发展依旧相当困难，成功人士更是凤毛麟角。对胡大江本人来说，绘画已经"沦落"成他的业余爱好，根本谈不上靠绘画谋生，他在芝加哥开设的艺术品销售商店——东方艺术中心，成为他的主要经济来源。

谈及大多数华裔画家在美国难以立足的原因时，胡大江认为，美国人对艺术的欣赏水平、衡量标准和了解程度较高，"不管你在国内多有名，在国内担任什么职务……他们就看你画得好不好，能否达到他们的欣赏水平。美国主流社会接受就说明你的水平高，这就是美国"。

艺术家的创作水平，以及本身对绘画的认知、理解和爱好，是决定他能否被美国主流社会所接受的关键因素。"在美国，艺术评价，没有一个绝对的权威，不像中国有全国美展，全省美展，美国跟中国体制不一样。"

与姜学炳不同，对于很多依然混迹在芝加哥中国城的华裔"艺术家"来说，有的甚至直至终年，命运也没有垂青他们，他们为了在异国他乡谋得一条生路，不得不放弃最初的梦想而转行，追求艺术的梦想遗落在了大洋彼岸……

当然，也有一些执着的追梦人依然在苦苦坚持。

在我看来，他们都是勇敢和顽强的一族，我对他们怀有深深的敬意。

第三节："黑"画家的实用哲学

2013年12月2日，在上海待了一周之后，姜学炳从上海回到了芝加哥。回上海一是为了探亲访友，二是为了筹办画展。上海展览馆在圈内比较出名，姜学炳希望能在上海展览馆举办个人画展。

"现在回国办画展，没有人脉，很难，即使你画得再好也没用。在当年，（办画展）我都不怕，市长我都认识，现在他们都去世了。有些人（画得）很糟糕，都能在里面办展览，真是很气人。怎么能这么搞？" 说起现在中国国内举办的一些画展，姜学炳频频摇头，满脸无奈。

"画家，靠人捧。"

好长一段时间，姜学炳都在忙着筹备回上海办画展的事，希望能把《红楼梦——十二金钗》和《银雾》（狼）等作品带回上海展览馆展览，但"难度比较大，（办画展）不是单凭你作品好坏，要凭关系。跟展览馆认识也没用，我已经联系上展览馆主管部门的一个领导，领导直接给我交办给宣传部的办公室主任，但办公室主任的级别还不够，要交代给宣传部长，然后部长再跟他们展览馆馆长打个招呼，这样就能管用了。"

"现在，具体怎么操办我还不知道，因为我太太身体不太好，我就马上赶了回来（芝加哥）。这次回来的时候，本想等主管部门的领导抽出时间见个面，后来他的秘书给我发短信，说领导这几天还很忙，让我下次回上海的时候再去拜访他。"

媒体打造明星，引导大众口味。在艺术圈混，参加展览，借力媒体，是艺术家提高知名度和作品价值的"潜规则"。在美国，艺术家们非常注重借助媒体宣传和市场化运作。很多报纸拿出整版介绍艺术家和作品。每天，姜学炳都会拿出固定时间，浏览当地报纸，包括《人民日报》海外版在内，寻找有关艺术方面的信息，因为年过七旬的他对互联网有些犯怵。

不过，在美国当地的大多数英文报纸上，刊载华裔艺术家及其作品的报道不多，这成为横亘在华裔艺术家打入美国主流社会的一堵墙。因此，不少画家寻求回国办画展，开拓中国国内市场。在业内人士徐丹江看来，这可能是因为一些中国画家的作品在美国的市场效果不好，倒逼出来的一条回头路。

徐丹江，1969年出生在黑龙江省牡丹江市，父母给他取名丹江。丹江的父亲是一位老革命，14岁便参军入伍。1949年新中国成立以后，丹江的父亲进入沈阳军区空军部队。

1969年，受珍宝岛事件影响，中国与苏联关系紧张。丹江父亲所属的部队奉命前往黑龙江牡丹江市驻扎。丹江因此生于牡丹江，后来又跟随父亲"南征北战"，转到吉林省，在中国人民解放军86354部队服役。

丹江的父亲祖籍山东，本来有机会转业回青岛，但因为习惯了东北的生活，喜欢上了松花江畔美丽的风光，最终决定全家留在吉林。

从小在部队大院里长大的丹江深受中国革命思想和传统教育的熏陶，尤其是父亲的言传身教。1992年，丹江决定出国时，遭到了父亲的强烈反对。丹江说，"那个年代，父亲常说的一句话是，我们当年舍命打美国鬼子，你们现在要去美国生活，没有道理。"

尽管父亲不太支持，但早在1986年，丹江的姐姐就先来到了芝加哥。后来，丹江的父亲因心脏病病逝。过了几个月，芝加哥的一家画店邀请丹江来芝加哥参加画展。丹江告别母亲，来到了芝加哥，怀里揣着画水彩画和云南重彩攒下的近3000美金。画展结束后，丹江就再也没有回国，一直"黑"在芝加哥。此后一直从事绘画创作，直至2005年。

从1989年开始，丹江在中国国内一直画水彩画和云南重彩。由于"中国画在美国市场的销路不好"，他逐渐改变了创作风格，从事西洋画创作，依靠画商、画店和艺术品经纪人销售作品。

刚到美国那几年，因为在美国绘画市场上根本谈不上知名度，画商每卖出一幅画，丹江拿三成，画商得七成。有时候，为了拓展知名度，丹江干脆把自己辛辛苦苦创作出来的画免费送给画商。

丹江说，"我画画跟别人不一样，别人给钱，我就卖（画），我碰到过一些中国画家，很多人画得比我好，但他们卖不出去，好多人创作了一幅画，就把它当成无价之宝，只有给高价才卖。我的画，有的几百块（美金）或是几千块（美金），只要能卖出去就行。"

后来，丹江的作品逐渐拓开了美国市场，画商也愿意代理他的画，跟画商也就顺其自然五五分成。另外，一些大的画商也会把他的画再"分包"给其他小的画商出售，按协商好的比例分成。

有时，丹江也把画卖给一些画店。按照行内规矩，画店的绘画作品零售价一般是进价的三倍。丹江说，"如果我100块卖给画店，画店的售价一般是300块。在美国画画，有时候你白送给画店，人家都不要"。

芝加哥市内公共交通发达，宾馆林立，拥有良好的会议和展览设施。北美地区最大的会展场所麦考密克会展中心便坐落于此，会展行业对于芝加哥的重要性不言而喻。这里每年也会举办一些较高级别的画展，举办地点通常是在芝加哥艺术博物馆。

芝加哥艺术博物馆位于芝加哥市中心，建于1891年，收藏了近30万件艺术品，是全球第二大印象派作品收藏地，享有极高的国际声誉。馆藏凡·高、莫奈和毕加索等印象派大师的多件真迹，每年吸引大量的艺术爱好者驻足欣赏。

丹江说，他本人参加的画展通常有几位画家的作品"拼成"。画展由艺术品经纪人组织，画家参展不用出费用，但如果绘画作品通过画展卖了出去，要按照画家与经纪人事先的约定分成。因此，办画展的时候，丹江既帮自己卖画，也帮别人卖画。

图为美国著名油画《美国哥特式》，存放于芝加哥艺术博物馆，被认为是美国20世纪最具标志性和诙谐性的绘画艺术品之一。《美国哥特式》与自由女神、芭比娃娃、野牛镍币和山姆大叔并称为美国文化的五大象征。《美国哥特式》的作者是格兰特·伍德（Grant Wood）（1891年2月13日—1942年2月12日），这也是他的成名之作。

"办画展的时候我就是卖画的，不办画展的时候我是画画的。"

"有时候，一些画家把画免费送给画商，但由于一幅也没有销售出去，画商就会考虑以后收不收你的画了。在美国，到处是画家，画商如果能拿着（你的作品），你就算是幸运的了。"

"有的时候，人家办画展，你把画白给人家，人家都不一定要。"

"我是完全跟着市场走。"

刚到美国的那一年，丹江23岁，在圈子里完全没有根基，更不用说自己是一名华裔没有合法身份的"黑"画家。"绘画圈子也有种族歧视，第一你没名，第二你是中国人。如果是中国画，用我的名字没问题。但后来我改画西洋画了。你一个中国人，画西洋画，没有人认同。所以，我当时就给自己起了个英文名，像是笔名，画一些西洋画，后来画卖得特别好。"

从1994年开始，由于创作的中国画市场越来越不景气，丹江尝试着改变自己的创作风格，改画抽象画，"参加那么多画展，多看，多学，改画西洋画，后来一些客户慢慢地喜欢我的作品了，美国人、韩国人，也有中国台湾人，但中国大陆的客户比较少。"

通俗讲，抽象画比较朦胧，主要靠形状和色彩表达创作者的思想和感情。当你欣赏一幅抽象画的时候，能有所领悟，百看不厌，每次欣赏都能发现一些新东西。不同的人，思想不同，得出的结论也不一样。但如果是写实风格，如风景画，可能就不会产生这样的效果。

按照丹江的理解，艺术要给人带来价值，有所用途。画可以分为两种，一种是艺术色彩更浓，比如说华裔画家周氏兄弟的作品，比较适合艺术展；另外一种是类似他自己的作品，有点像装饰画，实用性很强，而这对于奉行"实用"主义的美国人来说便有市场。

"在美国，好多人都自诩画家，都是为了生存，能卖就可以。我认识的好多美国艺术家也都是，在这一时间段内，他的作品有人欣赏，过一段时间，可能就过气了，艺术家和作品也有保鲜期。"

当我问他是否认识涂志伟时，丹江说："他是画什么画的？我还真不太知道。"在芝加哥，每年都会举办几次街头的艺术家画展。丹江也参加过类似画展，认识一些圈子里的华裔朋友，但他们的作品都是中国画，"他们都不是拿画画维生，都是依靠别的手段谋生"。

丹江说，他曾经在一个街头艺术家画展上认识一位中国画家。这位画家在美国没有市场，作品根本卖不出去。但他回中国却很能"忽悠"，"称在美国某某地方举办过画展"，一些"缺乏辨识力"的艺术学院便邀请这位画家担任类似顾问的头衔，依靠从中国赚钱在美国过活。

1992年，丹江跟随着那家邀请他的画店在美国各地巡展。回忆起当年的经历，丹江说，那时候很兴奋，很多人喜欢他的作品，画卖得也挺好，这促使他决定留在芝加哥，画画，卖画，赚钱，生活。

在芝加哥"黑"下来以后，丹江找了一家学校学习英文，兼职画画维生，读书期间与太太相识相爱、结婚生子。从1992年来芝加哥，直至2002年，等待了整整10年，丹江终于拿到了美国绿卡。

"因为在美国只需要你不犯罪，办绿卡的时候移民局也没怎么查我，因为我也一直聘请律师帮我申请合法身份。"

有一次，丹江出差，把护照放在了朋友的画店里。画店的保险柜被小偷撬了，护照也被小偷顺走了。丹江找到了中国驻芝加哥总领馆，按照要求在芝加哥当地报纸刊登了护照遗失声明，重新补办了护照。"我有其他证件能证明我是中华人民共和国公民，但护照上的入境卡被偷走了，后来请律师帮忙，因为入境卡丢失，移民局怀疑我非法入境。"

后来，丹江找了一位很专业的律师想办法，普通人当时只需800美元就能轻松搞定绿卡，而丹江补办护照前前后后一共花了大约2800美元。丹江说，他90%的画都卖给了犹太裔美国人，而代理律师就是他的犹太客户帮他找的，"因此没有出现要被遣返的问题"。

"姜学炳，我不知道，来美国这么多年，不怎么接触中国人，主要是跟外国人打交道，除了周氏兄弟之外，我还真不认识多少同行。因为，周氏兄弟的创作风格有点抽象，我也搞过一段时间抽象画。"当我向他求证姜学炳时，丹江操着一口东北腔如是说，而他的抽象派绘画圈子以美国艺术工作者居多。

丹江的画，12×12英寸（1英寸合2.54厘米），售价一般在300美元左右，如果是客户定制，最大的尺寸有48×60英寸，能卖到5000多美元。但他的绘画作品大多是36×24英寸，售价在1500美元左右，年收入10万美元，到2005年，丹江已经画了上千幅画，经济效益相当可观。

丹江说，参加画展就是要吸收别人的灵感，然后思考创作，包括绘画使用的材料。画西洋画，丹江属于"半路出家"。每次参加画展，他都会认真揣摩，然后力求出新，"我用的绘画材料尽量是别人不用的，这样的作品看起来会比较新颖，才会有市场"。

"别人经常问我，这幅作品你是怎么画的，我不能告诉他。画家之间也是互相临摹，互相竞争。绘画要使用好多种染料，不同染料会发生化学反应，这样绘画时才能产生独特的艺术效果，之前我使用普通染料，出不来这种效果，这需要自己一点点琢磨积累。"

为了扩展知名度，丹江早些年还专门设计了一个网站，因为担心新的作品被人临摹，所以只将早些年创作的作品公布在互联网上。"中国人临摹的太多了，以前是韩国人临摹，后来中国人也跟着干。"

"因为我现在不画画了，但是画店还要，因此也有人临摹我的画，但他们临摹不出那种效果。完成一幅画可能只需要一个星期，但实际上每一幅作品都蕴含了我十几年的积累。"

"并不是你创作的时间越长，画就越值钱。有的画家画几个小时，但构思需要很长时间。之前我画画的时候，半夜灵感突然来了，担心第二天早晨忘记，平时养成了一个好习惯，枕头旁边永远放一张纸和笔，灵感来了，就拿纸和笔记下来。第二天接着创作，就这样一点点积累。"

从在老家读中学开始，丹江就酷爱画画，后来考入了东北师范大学附属的一个艺术院校，专心学习绘画。当时，丹江比较喜欢云南重彩，开始的时候一般临摹丁绍光和蒋铁峰的画，或者自己创作。

上世纪80年代，云南重彩由丁绍光和蒋铁峰等一批云南画家研创而成。

云南重彩画以中国画的线条造型，应用西方现代绘画的斑斓色彩，使画面给人一种赏心悦目的感觉。画的内容多反映云南的自然风光、少数民族风情和历史文化。浓郁的民族地方特色，东西方的绘画语言，古今技法熔为一炉，使画面具有很强的透视感，给人一种梦幻神奇、似懂非懂的感觉，具有较强的美感和装饰性。

1982年，丁绍光移居美国。在经纪人的商业包装和市场运作下，丁绍光和云南重彩走向了世界。有媒体报道，80年代，在西方权贵的客厅里能有一幅中国元素的绘画是一种时尚，所以云南重彩画很快进入了西方人的视线，当时的上流社会也以收藏丁绍光的画为荣。

后来，商业化运作，高仿真印刷，使云南重彩走上了一条不归路。受经济利益驱使，云南不少艺术专业的人拿起画笔，开始临摹云南重彩，画商见画就收，价格压得非常低。大量仿品充斥市场，云南重彩慢慢衰落。谈起云南重彩的衰落之路，丹江有些感伤。

在中国深圳，有个以临摹画而出名的村子叫大芬村，也被称为"中国油画第一村"。大芬村面积其实不大，占地约0.4平方公里，原住居民只有300多人，地处深圳郊区，但大芬村在油画界可以说是无人不晓。

2005年，丹江去深圳大芬村参观，当时也是参加一个画展，"那里临摹画特厉害，我的好多画被他们临摹了。家家户户临摹画，他们卖画就跟卖布料似的。"

谈起临摹，丹江说，1995年，他们办画展时很正规，参展的都是原作，等到1998年和1999年的时候，韩国人开始临摹画并在市场上出售，"我们的原作卖到1000美元，他们的临摹画才卖到19美元。后来，中国人也跟着临摹。好多画家提出这个问题，不能让他们搅乱了市场。"

"美国这边一出来原作了，中国那边就有临摹的了，中国那边一有临摹的了，原作在美国就失去市场了。所以，我从来不把新画放在网站上，就是怕他们临摹，尽管他们临摹得不会完全一样。这也是我不愿意画山水风景的原因，抽象画他们怎么临摹也出不来那种效果。"

回忆起在美国20多年的打拼经历，丹江说，"来美国这几年，我觉得特值，现在回国，反倒感觉有些不习惯了。在芝加哥这么久了，已经习惯这边的气候了，因为是北方人，喜欢芝加哥的四季分明，这边的冬天对我来说，也不太冷。不喜欢纽约，人太多，太嘈杂。"

1992年至2002年，丹江住在芝加哥市区偏北的林肯公园附近，与美国人打交道比较多。2003年，丹江在芝加哥中国城又买了一栋房子，接触的中国人慢慢多了起来。

一个偶然机会，丹江在晨练时遇到一位北京老太太，在中国城打太极拳，后来拜她为师，学习太极拳。丹江喜欢钓鱼，经常在密歇根湖畔钓鱼，也因此与我结识，成了朋友。

2012年12月，丹江在芝加哥市区北边又买了一栋房子。"中国城那边，学区、环境等各方面都不是很好，后来为了孩子，决定搬走。正好美国前几年金融危机，房价相对较低，而现在住在市中心以北的湖景（Lake view）社区，学区好，主要是为孩子上学考虑。"

湖景社区房子的原房东当时打算搬到佛罗里达去，便把这栋房子挂牌出售，售价49万美金。后来，因为卖不出去，这对老两口把房价降到39万美元。"后来，我说我给你30万现金，一开始，老两口答应了。"

"我朋友说，干嘛要给现金，贷款多合算，我就决定贷款，但人家老两口有些不高兴了。我说，你要不愿意卖，我就再等等。大概过了半个月时间，老两口同意把房子卖给了我。"

"买完才两个月，因为芝加哥市政府计划在那边扩建娱乐一条街，我的房子现在最少值50万美元，唯一不好的一点是房产税太高，一年要1.2万美元，地方好，税也高。在中国城，我那栋3层的房子，税才6000多美元。"

2005年，由于常年绘画，丹江的皮肤频繁出现过敏症状，身体健康受到了影响，医生认为这可能是由于绘画使用的染料导致。在医生建议下，他只好暂停绘画，尤其是不再使用含重金属成分的油彩材料作画。后来，丹江和太太有了孩子。为了家人的身体健康，丹江听从医生的建议，就此封笔。

经过多年学习和创作积累，用他的话说，"我参加过很多画展，只要别人给钱就卖"。丹江用卖画赚来的钱在芝加哥买了3套房子，划成了10个单元，仅靠租金生活也没有后顾之忧，更何况妻子在芝加哥市中心的一家保险公司工作，收入可观。

就靠一支画笔，丹江一家如今在芝加哥过着简单而幸福的生活。

第四节：美国梦——说远很远，说近很近

俗话说，十年磨一剑。丹江用了10年时间，拿到了美国绿卡，身份由"黑"漂"白"。聊起这段经历，他经常跟我讲的一句话是，"美国梦"说远

很远，说近也很近。

1985年到美国求学那一年，姜学炳45岁。相对于丹江而言，姜学炳的绿卡拿得相对容易一些。

上世纪80年代，去美国留学是一件新鲜事，也是令不少人分外羡慕的事。

当年，去美国驻中国上海总领馆面签之前，姜学炳清楚地记得，他拿了一本自己的画册，并把《解放日报》和上海《文汇报》关于他当选上海市工艺美术协会副理事长的报道塞在一本画册中，递给签证官。签证官看了之后，顺利地给他签发了全日制学生签证（full time student visa）。

"面签那天，出来的时候，我看到被拒签的人流着眼泪。"姜学炳回忆说，那时的美国签证远比现在难拿得多。但对于姜学炳来说，赴美签证相对容易，更难办的是护照。

出国前，上海市工艺美术设计协会（1985年2月成立，由原上海市工艺美术协会与上海市工业设计协会合并组成）理事长胡铁生经常与姜学炳一起到北京开会出差。每次开会，胡铁生都会带着姜学炳，因为姜学炳擅长绘画，能应付一些场合。通过胡铁生牵线搭桥，一位领导帮他办理了护照。

到了美国以后，由于是学生签证，姜学炳不能到学校以外的地方打工，打工时也只能拿现金，不能拿支票。为了解决这个问题，姜学炳让朋友帮忙，让别人把支票先开给他朋友，由朋友取现之后转给自己。

但这毕竟不是长远之计，对于中国留学生来说，获得一纸绿卡是梦寐以求的，也是扎根美国最基本的前提。

1989年12月，芝加哥城市学院等几所院校举办大学生圣诞卡设计比赛。经过评选，姜学炳设计的圣诞贺卡获得了第一名。芝加哥当地媒体《芝加哥论坛报》和《太阳报》都报道了这件事。

《芝加哥论坛报》当年12月19日的报道是这样写的：

> 对于一份简历来说，应该是不错了吧？
>
> 1981年，西德政府定制的景泰蓝钟的设计；
>
> 1976年，参与毛主席纪念堂设计；
>
> 1972年，参与美国总统尼克松访华期间下榻锦江饭店外交公寓的

内部设计；

1969年，参与北京地铁站的美术设计。

在日本东京、北京和亚特兰大举办过画展。

……

现在，在简历上，姜学炳可以再增添一项——在芝加哥城市学院圣诞贺卡设计比赛中荣获第一名，奖金100美元……城市学院授予他的100美元奖金，比他参与设计的毛泽东纪念堂和北京地铁站的酬劳整整多了100美元。这可能是他为什么来这里（选择来美国）的原因。

……

享有国际知名度的姜学炳获得了100美元奖金，他需要这100美元。

This is City Colleges' 1989 Christmas card, created by noted Chinese designer Jiang Xue-Bing, a student at Truman College.

姜学炳1989年设计的圣诞贺卡

他几乎承担不起杜鲁门学院的学费，由于持有的是全日制学生签证，所以他不能从事兼职。他需要工作赚钱，使他能够待在学校继续学习，但他却不能从事工作，因为美国政府（签证）要求他只能待在学校里。政府部门肯定也是这样想的。

姜学炳回忆说，没过几天，他收到了芝加哥移民局办公室打来的电话。

姜学炳说："我被吓了一跳。移民官说，明天下午两点半，你有没有时间到办公室来一下？"

"可以。"

第二天，姜学炳如约来到移民局办公室。他回忆说："当时，我的心都要跳出来了。很紧张，难道是我做错了什么，移民局部门要把我递解出境？"

到办公室以后，一位漂亮的女士走出来，"Are you Mr. Jiang？"

"Yes."

"Come on sit down please， you want coffee or tea？"

"咖啡，还是茶？我想今天应该不是递解出境了，"姜学炳笑着说。这位女士告诉他，等一会，移民官要跟他面谈。

姜学炳后来意识到，在他获得绿卡这件事上，芝加哥的当地媒体发挥了重要作用。移民官跟他面谈之后，在姜学炳的护照上盖上了一个章。这一天，姜学炳拿到了心仪已久的美国绿卡（临时绿卡）。

随后，移民官又询问姜学炳有什么要求。"我说我太太还在中国，他说没有问题，后来他打电话给美国驻中国上海总领馆，协助我太太办理赴美签证。""我太太接到电话时，也很紧张，以为是我在美国出什么事了。"姜学炳说。

大概过了一两个月，姜学炳收到了移民局给他邮寄来的正式绿卡。1990年，远在上海的妻子和儿女先后来到美国，一家人终于在芝加哥团聚了，"我太太很高兴，她自己跑美国驻上海领事馆申请签证，被拒多次，这次领事馆主动给她打电话"。

现在回忆起来，姜学炳说，移民局将他视为"杰出人才"，给他发了绿卡。直至现在，美国也很重视吸纳全球各地的"杰出人才"移民美国，而"杰出人才"移民在"职业移民"（Employment—based Immigration）类别中属于第一优先。[①]

美国公民及移民服务局（简称移民局）官方网站发布的信息显示，杰出人才涵盖科学、艺术、教育、商业和体育五大类。在艺术领域内，画家、书法家、舞蹈家、音乐家、音乐指挥家、歌唱家、歌星、影星、名模、电视主持、影视导演、编辑师、动画设计师等都包括在内。

移民局官方网站显示（截至2013年9月10日），杰出人才移民（EB—1A）属于美国移民法规定的以雇佣为基础的职业移民五个类别中的第一优先类别，占美国每财年（10月1日至来年9月30日）全球职业移民签证配额14万的28.6%，即

---

① Employment—based Immigration: First preference EB—1

40040个移民签证。

"杰出人才"不需要有美国雇主，不需要在美国投资，不需要办理劳工证，不受学历和年龄限制，申请后也不需要排期，是艺术、体育、教育、科技和商业等领域成功人士移民美国的最佳选择，并且一个人申请获得批准，全家可以移民美国。

申请过程中，如果申请人获得过诺贝尔奖、普利策奖、奥斯卡奖或者是奥运会奖牌等国际大奖，则自然而然能证明你的"杰出"。但如果申请人没有获得过这些奖项，则要满足美国移民法10条规定中的3条，才可以申请。以下是移民法10条相关规定，需要申请者提供相关的证据予以证明：

1.申请人获得过比全国范围或世界范围认可程度稍低一点的奖项（Evidence of receipt of lesser nationally or internationally recognized prizes or awards for excellence）；

2.申请人具有专业协会的会员资格。入会条件必须是取得杰出成就，并且该成就要由同领域国内国际的专家认可（Evidence of your membership in associations in the field which demand outstanding achievement of their members）；

3.申请人的成就曾经被专业报刊或其他主要媒体报道（Evidence of published material about you in professional or major trade publications or other major media）；

4.申请人曾经担任过评审或评审团成员，评判过同领域内其他人的工作（Evidence that you have been asked to judge the work of others, either individually or on a panel）；

5.申请人在本领域（包括科技、学术、艺术、体育和商业）做出过原创性的重大贡献（Evidence of your original scientific, scholarly, artistic, athletic, or business-related contributions of major significance to the field）；

6.申请人在本领域内的专业刊物或其他学术刊物上发表过专业学术论文（Evidence of your authorship of scholarly articles in professional or major trade publications or other major media）；

7.申请人的作品在艺术展览会上展示过（Evidence that your work has been displayed at artistic exhibitions or showcases）；

8.申请人在其领域内的知名机构中担任领导或重要职务（Evidence of your performance of a leading or critical role in distinguished organizations）；

9.申请人享有高于同行业其他人的薪水或酬劳（Evidence that you command a high salary or other significantly high remuneration in relation to others in the field）；

10.申请人如果是表演艺术家，需要证明取得过商业成功（Evidence of your commercial successes in the performing arts）。

除杰出人才（EB1—A）外，职业移民第一优先类别签证还包括另外两小类，分别是：杰出教授或研究人员移民（EB1—B）和跨国公司经理或高管移民（EB1—C）。杰出教授或研究人员移民也必须要满足移民局规定的相关条款（6条中的至少2条），并且要提供今后在美国有雇主的证明。

如果是跨国公司经理或高管移民（EB1—C），必须是受聘于美国雇主的海外雇员，公司在美国经营至少一年时间，或者是受聘于该公司附属公司、子公司或其他法人实体的海外雇员。

以雇佣关系为基础的职业移民，一共有5个优先类别，除第一优先（EB1），即具有杰出才能的人；还有第二优先（EB—2），即专业人才和具有特殊才能的人；第三优先（EB—3），即技术工人、专业人士和非技术工人；第四优先（EB—4），即特殊人员移民和第五优先（EB—5），即创造就业机会的投资移民。

第二优先（EB—2）分为两个小类别，包括非常规的国家利益豁免（NIW）和常规的EB—2劳工证。国家利益豁免不需要证明劳工短缺，也不需要雇主支持，而常规的EB—2，需要雇主证明劳工短缺。

对于国家利益豁免，需要证明申请人做出的贡献符合美国的国家利益。对于常规的EB—2劳工证，申请人必须符合的申请条件是：拥有"高等学位"

（Advanced degree）或"特殊技能"（Exceptional ability）。

"高等学位"要求申请者拥有硕士及以上学位，或者至少拥有学士以及在该领域至少5年的工作经验。如果没有高等学位，申请者需要证明拥有"特殊技能"。

"特殊技能"，指申请者必须证明自己在科学、艺术或商业方面拥有特殊才能。特殊技能指的是，与该领域其他人相比，申请者拥有更出色的专长。同时，与国家利益豁免申请一样，"特殊技能"申请者也需要满足7条规定中的至少3条。

以下是国家利益豁免的7条相关规定，需由申请者提供相关的证明材料：

1.在与你的特殊技能相关的领域，曾经获得过学院、大学、学校或其他教育培训机构颁发的官方学术证明如学位、毕业证、证书或同等奖励等（Official academic record showing that you have a degree, diploma, certificate, or similar award from a college, university, school, or other institution of learning relating to your area of exceptional ability）；

2.（由前任或现任雇主提供的信函证明）在你的专业领域内，有至少10年的全职工作经验（Letters documenting at least 10 years of full-time experience in your occupation）；

3.有在相关领域的专业从业执照（A license to practice your profession or certification for your profession or occupation）；

4.申请人由于自己的特殊技能而获得薪水或其他报酬的证据（Evidence that you have commanded a salary or other remuneration for services that demonstrates your exceptional ability）；

5.申请人是专业协会的会员（Membership in a professional association）；

6. 提供在你所在领域取得的成绩或做出重要贡献获得认可的证明。认可方为同事、政府机关、专业或者商业组织（Recognition for your achievements and significant contributions to your industry or field by your peers, government entities, professional or business organizations）；

7. 其他类似能证明具备资格的证据也可以接受（Other comparable evidence of eligibility is also acceptable）。

职业移民第三优先（EB－3），包括技术工人（Skilled worker）、专业人士（Professionals）和非技术工人（Unskilled workers / other workers）。

第三优先包括三小类："技术工人"：申请者必须能胜任至少需要两年的训练或工作经验的工作；"专业人士"：拥有大学本科学位；"非技术工人"：申请人能够胜任需要两年以下训练或工作经验的工作。

职业移民第四优先（EB－4），即特殊移民签证，其中包括宗教工作者；新闻广播人员；伊拉克／阿富汗籍翻译；协助美国工作的伊拉克人；国际组织雇员；医生；武装部队成员；"巴拿马运河地区"雇员；北大西洋公约组织退休人员；已故北约人员的配偶及子女。

第五优先（EB－5），即创造就业机会的投资移民。投资移民项目深受中国人欢迎。投资移民要求外国投资者通过创造就业和资本投资，以达到刺激美国经济的目的。根据要求，两年内（某些情形下，两年以后的合理时间内），为美国创造至少10个全职工作岗位。投资移民项目对投资数额的要求是：通常情况下100万美元，如果是在目标就业区（Targeted employment area），即失业率在美国平均失业率1.5倍以上的失业或偏远地区则需要50万美元（参见后文详细叙述）。

EB－5投资移民的优势在于：投资人不受任何商业背景、年龄、教育程度以及语言能力的条件限制，只要证明投资者所投的资金来源合法即可。所投资金不一定非要通过自己经营所得，也可以通过继承或受赠获得。

投资者及配偶、未满21岁的未婚子女均可以同时申请移民。EB－5投资移民的投资人必须年满21岁，没有任何经商、工作和学历等资格要求。但是，投资人必须已经或正积极投入规定的资金，无犯罪记录。

姜学炳通过职业移民美国，得益于他高水平的职业素养和绘画天赋。从4岁开始，姜学炳师从中国著名画家张汀和黄胄学习绘画。作为一名艺术家，在移民官看来，姜学炳符合职业移民中的"杰出人才"标准。首先，他从事绘画设计，获得过重要奖项，无论是来美之前的奖项，还是之后的圣诞贺卡头奖，均得到公认。其次，在日本东京和北京等地举办过画展。《解放日报》和《文汇报》对他当选上海市工艺美术协会副理事长的事也均给予了报道。

《老虎》——姜学炳作品

姜学炳最为得意的作品是《红楼梦——十二金钗》。这一系列作品获得了2007年"中国收藏家喜爱的艺术大师和精英评选特别金奖"和2007年"第九届工艺美术大师精品博览会暨中国工艺美术优秀作品评选"特别金奖。

1993年底，芝加哥举行国际艺术博览会，姜学炳的《红楼梦——十二金钗》中《宝钗》和《美人鱼》等一些真丝挂毯作品正式亮相，让一些同行叹为观止。全美三大有线电视网之一的ABC电视台原计划对他采访30分钟，但记者团队由于被姜学炳的作品和幕后故事深深吸引，最后破例为他做了超乎寻常的报道。

"他是ABC的大记者，刚进门的时候，对我们华人是瞧不起的。你是黄皮肤的艺术家，他们根本瞧不起你，我说请坐，请喝点东西。"

"No，no，no，no time，I have only half hour interview. " "他说只有半小时采访，我不能得罪他，这可是免费广告。后来，一个小时过去了，两个小时过去了，结果他告诉摄像说后面的采访取消了，直到摄像说电池彻底没电了，从1点半开始一直到5点。"姜学炳说。

原计划播出30秒的节目，30分钟的采访素材足够了。但ABC的记者被姜学炳的作品迷住了，"最后他紧紧地拥抱我"，姜学炳记得非常清楚，记者整整采访了姜学炳3个半小时，最后电视节目播出的时长为2分30秒。

2012年4月29日，姜学炳受邀到美国白宫参加聚会，有机会与总统奥巴马和前总统克林顿见面。其间，姜学炳将自己出版的精装画册分别赠予他们两人。5月6日，姜学炳以贵宾身份出席在芝加哥麦考米克会展中心举行的晚宴，与奥巴马和克林顿再次见面。

2012年春天，姜学炳与时任美国总统奥巴马和前总统克林顿合影。照片由姜学炳提供。

美国前总统克林顿对姜学炳以狼为题材的作品《银雾》赏识有加，姜学炳特意制作唯一一张复制品赠送给克林顿。照片由姜学炳提供。

晚宴开始的前一周，克林顿的秘书给姜学炳打电话转达了谢意，言语中透出克林顿特别欣赏画册中一幅名为《银雾》的作品。在这幅作品中，一只银狼站在雪中，目光炯炯地凝望着远方，在雪地的辉映下闪着冷冽的光芒。

姜学炳说，"为了创作《银雾》，我到芝加哥的林肯动物园，到威斯康星的动物园也去过，近距离地观察狼"，《银雾》这幅作品历时3个月才创作完成，其中狼色皮毛，运用留白的技巧，增加了创作的难度。很多人有意收藏，但都被他婉言谢绝了。为了感谢克林顿的赏识，姜学炳特意制作了唯一的一幅复制品赠予克林顿，当时有媒体报道称，"姜学炳把中国狼引入了美国白宫"。

奥巴马则收藏了姜学炳创作的另外一幅作品《老寿星》，也是这一作品目前唯一的复制品。

乱世黄金，盛世收藏。姜学炳说，他的复制品都有编号，每幅作品至多200张。"他们（加工厂）制作的时候，我亲自去看过，他们复制出2000张，甚至更多，让我从中选出最好的200张，其余的都当场销毁。"

早在出国前的1972年，时任美国总统尼克松访华。因为这是新中国成立后，美国总统首次到访，为了让尼克松在这趟"破冰之旅"中感到宾至如归，中国政府的各项相关工作做得非常细致。姜学炳受指定担任相关工作的美术工艺总设计师，负责尼克松下榻的锦江饭店套房的艺术设计，以期让尼克松领略到中国的热情和艺术魅力。

1973年8月25日至9月6日，北京举办首届亚非拉乒乓球邀请赛，国家体委征集一流美术设计家齐聚北京，设计10个冠军奖杯，国务院、国家体委和评审专家从600多幅设计方案中反复评选，最后由周恩来总理亲自确定10幅，姜学炳创作的作品荣列其中。

1984年4月26日至5月2日，时任美国总统里根应邀访华。

因为里根是中美建交后首位来华访问的在任美国总统，中国国家领导人非常重视，在人民大会堂举办隆重的招待宴会。姜学炳说，当时的菜单不太美观，上级要求重新设计，所以全国很多艺术家一起设计，并进行匿名评选。"我当时资历浅，就拿作品说话，最后我设计的作品入选总统宴会菜单。"

来美国之后，姜学炳也创作了很多作品，注重中西方文化在艺术表现手法上的差异与融合，力求让更多的美国人接受。

1989年，总部位于芝加哥的艺术品收藏公司Bradford Exchange购买了姜学炳的作品"西湖的故事"版权，并把它们烧制在瓷器上。姜学炳用版税在迪尔菲尔德买了一栋房子，价值十几万美元，这是姜学炳来美国之后第一笔数目可观的收入。

再后来，姜学炳搬到了现在位于莱克福里斯特的别墅。莱克福里斯特当地杂志"Forest & Bluff"曾以封面文章对他做了专题报道。文章这样写道——姜学炳精通国画、现代画、工艺美术和书法，是四项传奇的缔造者（A man of four legends）。

如今，姜学炳已到古稀之年，但仍勤于创作，一方面还在继续构思和创作新作品，另一方面也在潜心充实和完善过去的系列作品。

精工细笔的工艺美术创作特费眼力，姜学炳感慨，"很多人想收藏我的作品，但现在（比如像《宝钗》和《银雾》）这样的作品我已经画不出来了"。

第五节：重拾梦想的前行

　　第一代华裔移民，刚到美国，身处异域他乡，如同第一代农民工进城一样，是拓荒的一代。在语言、心理和人脉资源等方面均不占优势，苦苦打拼解决生存问题，如何在美国立稳脚跟，是他们那代人挥之不去的印记。华裔移民的第二代，融合中国文化和美国文化精髓，与一代相比更具优势。如果说，一代中国移民是筚路蓝缕，满脸无奈讨生活，那么二代华裔，尤其是对在美国出生的华人而言，则是自我选择、自我开拓和追求梦想的一代。

　　或许是因为继承了父亲的基因，姜学炳的儿子姜凯也擅长绘画，在学校读书期间还得过奖。"他（姜凯）说爸爸，你画画赚钱太慢了，像这幅画我至少需要3个月时间才能完成，我需要去体验生活，去动物园观察、拍照，再艺术加工"，姜学炳一边指着自己的作品《银雾》，一边告诉我们姜凯最终未能子承父业的原由。

　　姜凯，生于上世纪70年代，从初中开始便在美国接受教育，毕业于美国中西部"十大盟校"成员伊利诺伊大学香槟分校。由于真正让他感兴趣的是金融，姜凯毕业后去了纽约华尔街发展。凭借在金融领域的天赋，成为圈内年轻的金融投资经理，斩获颇多财富。

　　"这套房子是儿子买的，我是买不起，人家都说穷画家，真正富裕的画家是像毕加索那样出名的画家"，姜学炳一边讲解他的作品一边告诉我。说起儿子姜凯，姜学炳满脸自豪。那种自豪，在我看来，不仅仅是出于父亲对儿子的自豪，更是源于对儿子事业有成使他在美国实现了艺术梦想的一种感激。

　　像姜凯一样的华裔二代移民，已经更好地融入了美国社会，或自己选择创业当老板，或从事比较赚钱的行业，如金融和医生等职业。我认识的汪晓虹是另一个典型代表，她的故事普通而不平凡。

　　汪晓虹，1977年出生在中国广东省广州市一个普通家庭，10岁时随父母移民来到美国第三大城市芝加哥。她在芝加哥与两名合伙人一起创办并经营着17家服饰连锁专卖店，在流行服饰圈打拼出了一片属于自己的天地。

　　1988年，汪晓虹的父母为了能让女儿到美国接受教育，得到更好发展，举家移民美国。她的母亲放弃了原先的教书工作，在芝加哥开了一家中餐馆，而父亲则在高校从事教育工作直至退休。汪晓虹的高知家庭背景为她奠定了良好的教育基础，华裔身份使她通晓中文和东方文化，美式教育又赋予了她一股闯劲儿。

2000年，主修计算机信息专业的汪晓虹毕业于伊利诺伊大学香槟分校，全美最优秀的工科大学之一，也是她父亲工作过的地方。开一间小店，自己创业经营，一直是不少华裔移民的梦想。汪晓虹也不例外，创业的梦想不曾磨灭。

大学毕业后，由于当时缺乏继续深造的兴趣，汪晓虹没有选择继续攻读硕士或博士，而是进入一家咨询公司工作了大约两年，"但这并不是我一直想做的事情"，汪晓虹说。随后，她来到了洛杉矶，寻找机会。

"在那里，我认识了一些人，对流行服饰颇感兴趣，于是就把我的想法——The latest fashion at affordable prices——告诉了大学同学，也就是我现在的一个合伙人，芝加哥当时并没有这样一个概念。我朋友听了之后感到很兴奋，我们一拍即合。大概6个月之后，我就搬回了芝加哥，想试一试自己开店。"

几经周折，2002年，她们的第一家Akira服饰专卖店诞生了。第一家店并不大，面积只有1500平方英尺，起步相当艰难，"因为当时根本就没有钱，没有经验，都是我们自己粉刷店面的墙壁，隔试衣间，包括选计算机系统、店内色调、商品形象、服饰搭配等，什么都是自己动手……"。

服饰零售与她主修的计算机信息专业毫不相关，当被问及为何跨行创业时，汪晓虹回答道，当时，由于芝加哥是美国的第三大城市，人口密集（2013年辖区人口接近290万），类似"Forever 21"和"Zara"等国际流行服饰品牌尚未入驻芝加哥，芝加哥的流行服饰店并不多，服装销售行业存在广阔的发展空间。

闲暇时，汪晓虹和她的两个创业伙伴经常聚在一起，研究流行时尚，计划未来发展。如果来芝加哥旅行，购物自然少不了。漫步在市区，大大小小的店挤满了州街（State Street）和华丽英里（Mag Mile）。中心商业区的州街和华丽英里都是芝加哥的购物天堂，这里既有迎合大众消费水平的梅西百货等购物中心，也有苹果、路易·威登和香奈儿等高端品牌专卖店。汪晓虹的Akira连锁店便位于州街，不少消费者慕名而来，"粉丝"也不断增多。

　　尽管是跨行创业，谈及自己当年创业的想法时，汪晓虹说，"没有犹豫，如果你想做一件事情，思考很长时间，反而会吓到自己而退缩。如果看到机会，就要想办法抓住，否则就有可能错失良机"。

　　2013年9月15日，当我采访汪晓虹的时候，国内恰好在热映影片《中国式合伙人》，讲的是20世纪80年代到21世纪30年大变革的背景下，三位好友为了改变自身命运，合伙创办英语培训学校，实现梦想的故事。

　　汪晓虹告诉我，尽管是合伙人，也会存在意见不一致的时候，但她们会协商处理。她们之间各有专长，各有分工，分管产品（Products）、运营（Operation）和市场（Marketing）三块，而汪晓虹本人主要负责产品和店面的运营。

　　"比如说，如果你负责店面运营，就要处理如雇佣、培训和解雇员工以及顾客反馈和店面管理等事务；你分管市场，则需要拓展Akira的品牌，增强它的知名度和受欢迎度；负责产品的则要判断什么样的产品会最受消费者欢迎，需要多少钱，什么时间应该进货。"

　　从2002年的第一家Akira店面到成长为眼下的17家店面，汪晓虹的创业之路并不平坦。第一家店面开业时，店面特别小，无人知晓。"就是靠一步步，慢慢来，如果你来我们商店，喜欢的话就告诉别人，一传十，十传百，慢慢发展壮大。"

　　万事开头难。至今，汪晓虹依然清晰地记着开第一家店面时的不易和艰辛。即便要找一个合适的店址，也不是一件轻松的事，历经磨难。由于是第一家店面，"没有人知道你是谁，不愿意租店面给你，没有信用记录，缺少资金，我们看了很多地点，找了几个月，终于找到一家相对合适的。"汪晓虹说。

　　现在回想Akira的发展过程，汪晓虹认为，遇到的最大难题是："开始的时候，你自己做事情，没有问题，因为你知道怎么去做，也会去想怎么做。但是当店面增多的时候，你要依靠别人做事情，而这个过程可以说是一个开阔眼界（eye-opening）和令你吃惊的（surprised）过程。"

　　"坦言讲，因为我们不是专业的管理人员（management expert），所以很多例如包括雇人、培训、运营等管理方面的工作，包括依靠经理人来做出最好的决定，每天都会面临类似问题，而且越来越有挑战性。"

"你自己也必须从一个实干家（doer）向一个管理者（manager）转变，而这也需要转变思维方式。这也是我在过去3年中一直致力于要做好的事情。我知道自己应该怎么做，但如何培训你的人做出你想要做的决定，这绝对是一个具有挑战性的转变，也是思维方式的转变。"

"我们意识到，首先需要找到合适的人，但找到合适的人，并且对人员进行培训，并不是一件容易的事情，而我的工作重点便转移到管理层面，包括雇佣和培训员工。对我而言，一定程度上，零售业已经成为了一份管理工作。"

贯穿Akira 服饰连锁店发展过程的一个自始至终的概念是"The latest fashion at affordable prices"，即将最流行的衣服拿到Akira 服饰连锁店销售，但价格能够为普通消费者所接受。

目前，在芝加哥，包括"Forever 21"和"Zara"等国际流行服饰品牌已经入驻，并吸引了大批拥趸，而这些公司的实力相当雄厚。服装零售行业的业内竞争激烈， Akira也面临着严峻考验。

汪晓虹说，在业内激烈的竞争形势下，为了保持有利地位，Akira 服饰连锁店非常注重"客户服务"（customer service）的理念，"例如，如果去其他的商店，可能很多人一下子涌进去，根本谈不上客户服务，而我们会控制人流，进而提升顾客消费体验。"

不过，汪晓虹也坦言，Akira依然面临着很多挑战。比如说，大公司资金雄厚，购买力强，通常可以买入很多服饰，成本通常更低，这就给同行业构成挑战。

为了应对业内挑战，Akira不断调整策略，拓展产品采购渠道，力求使产品多样化，将主要精力集中在为芝加哥及其周边地区的消费者服务。此外，Akira从一开始就走复合式商店的经营路线，店内除了销售单价比较亲民的自有品牌服饰外，也销售价格较高的知名服饰品牌。这样的经营方式，打破了以往单类商品零售服饰店的传统，实行弹性的商品组合，以满足更多的顾客需求。

2008年金融危机以后，美国经济低迷不景气，消费者的购买力也受到抑制，服装等零售行业遭受冲击，Akira也不例外。汪晓虹说，面对下滑的经济形势， Akira力争以服务质量取胜，"确保服务质量到位，确保每一位消费者走进店面以后能开心购物"，取得了不错的市场效果。

如今，Akira已成为年轻消费者热衷的服饰品牌之一，而这也归功于汪晓虹和两位合伙人的品牌推广。汪晓虹说，Akira品牌创建至今非常注重与一些包括Imerman Angels等慈善组织、大学和耐克公司等在内的机构合作，举办流行服饰展，推广知名度，紧扣美国的消费文化，"今年（2014年）10月份，我们还将与倡导女权的非政府组织YWCA合作举办流行服饰展"。

身为一名普通的华裔女性，汪晓虹并非出生于经商世家，但凭借她的悟性和勤奋，把Akira经营得有声有色。谈及成功秘诀时，汪晓虹说，她的成功归功于母亲的言传身教，"其实，做生意对我来说并不是一个陌生的概念，母亲来美国之后开了家中餐馆，我也亲自在母亲的中餐馆中体验过那种奋斗的感觉"。

"十几岁的时候，每天放学后，我就去中餐馆帮助母亲做一些事情，清洁等等，从中也学到很多东西，积累了不少社会经验。"汪晓虹说。

汪晓虹来自于一个华裔家庭，10岁以后便在美国成长。受到中国和美国两种文化的熏陶，使她既懂得中文和中国文化，也熟悉美国文化，既有东方女性的踏实稳重，又不失美国人的闯劲和韧性。

汪晓虹说，"如果你来到美国，不说英文，或者英文水平有限，就不能很好地理解和融入美国文化，尤其是在美国中西部这种更加'传统'的地方，要在这里创业，不是不可以，但这将绝对是一件极具挑战性的事情。"

如今，汪晓虹带领Akira已经走过10多个年头，而Akira也在不断吸取教训和纠错的过程中进步。汪晓虹说，创业与经营绝对没有一个神奇的公式（magic formula）可以套用。

"我们犯过很多错误，包括之前雇佣了一些并不合适的员工，也不明智地解聘过一些雇员，进货时看走了眼，走了很多弯路"，汪晓虹至今仍记忆犹新。不过，她认为，创业跟族裔、肤色无关，只要努力，走对方向，就会取得令人满意的成绩。

如今，仍有一些中国人打算移民美国，也有不少中国留学生打算毕业后留在美国创业发展，这些年轻人被称为新一代的中国移民。他们怀揣着创业的梦想，奋斗在大洋彼岸。

谈及新移民创业时，汪晓虹说，"必须了解美国文化，因为消费者是美国人，你为美国消费者提供的是一种服务，不管你是中国人、韩国人、印度人还是菲律宾人，如果不能很好地了解美国文化，你注定将要经过一个漫长的痛苦过程。"

第二章　投资移民：困惑·缄默·裸奔
——中国投资移民美国那些事儿

由于不少中国富豪以投资移民为手段转移资产，躲避政府部门监管。因此，业内人士建议，政府可以考虑征收高额的"移民税"，征税的目的在于遏制中国财富流失，也是为了践行"先富带动后富，最终实现共同富裕"的庄严承诺。

不过，从根本上说，中国政府需要深刻反思，如何增强自身吸引力，如何将中国打造成为政治、经济和文化的高地，留住富豪和精英。对于已经移民的富豪也应顺势而为，强化故土与海外侨社，尤其是与移居海外富豪的联系，起码使移民海外的富豪在关键时刻能做到"心系祖国"，吸引精英和人才"回流"。

新移民者的指南：

恭喜您成为美国的永久居民。我们谨代表美国总统以及美国国民欢迎您，并希望您在美国一切顺利成功。

美国一向欢迎来自世界各地的移民，并且珍惜移民者的贡献。这些移民不断地丰润这个国家，并且为之维护自由与机会之土的传承精神。

成为美国永久居民，就表示您已经决定要将这个国家当成您的家。当您在朝自己的目标努力时，花点时间了解这个国家、它的历史以及人民。从现在起，发展这个国家的未来以及确保其持续成功不只是您的权利，也是您的责任。

当您开始在这个伟大的国家展开永久居民的生活时，您会发现有许多良好的机会正在等着您。欢迎来到美国！①

美国公民及移民服务局

2007年12月底，在美国西海岸的旧金山，当地移民局在全国首发中文版《新移民者的指南》，给当地华裔移民提供一些实用的信息，以帮助他们找工作、寻找住处，了解如何申报税务、了解美国的教育制度，找合适的学校让孩子就读，了解作为永久居民享有哪些权利和义务等，帮助他们尽快适应新的生活。

近些年来，拿到这本小册子的中国移民越来越多，其中有很大一部分属于中国的富裕阶层或知识精英。他们主要通过投资移民的途径来到美国。2011年4月，中国招商银行和贝恩咨询公司联合发布了一份《2011中国私人财富报告》。

报告指出，中国可投资资产规模在1亿元以上的高净值人群中，约27％的人

---

① U.S. Department of Homeland Security, U.S. Citizenship and Immigration Services, Office of Citizenship, Welcome to the United States: A Guide for New Immigrants,Washington, DC, 2007, Revised Edition.

旧金山金门大桥

已经完成投资移民，还有47%正在考虑移民。按照美国移民法的规定，投资移民（EB—5）在职业移民中属于第五优先类别。如果外国投资者在美国投资100万美元（或者在失业率高的"目标就业地区"投资50万美元），除本人和直系亲属外，创造或保持至少10个全职工作岗位，就可以申请美国绿卡。

美国的投资移民项目1990年由国会批准，针对EB—5项目的签证数为每年1万个，通过投资移民拿到美国永久绿卡实际上要经过两个程序，分别是"I—526"和"I—829"签证申请。

"I—526"申请的是附带条件的"绿卡"，期限为两年。如果获批后在此后的两年内无犯罪记录、50万美元投资款没有撤资、EB—5项目正常运行并且满足足够的就业人数等条件后，投资者便可以向移民局递交"I—829"签证申请，如果获批，则可以拿到无附带条件的永久绿卡。

当下，考虑投资移民美国的中国人很多。2013年，250多名中国大陆投资移民客在芝加哥遭遇骗局，涉及投资移民款1.45亿美元和1100万美元管理费。所幸的是，1.45亿美元的投资移民款在美国执法机构的及时干预下最终追回，减少了投资者的损失。

沈晨（应采访人要求化名）来自中国东部的一座海滨城市，几年前，全家通过纽约的EB－5项目拿到了临时绿卡，定居美国。只有老公一人留在中国大陆，继续经营自己的企业，是中国当下典型的"裸商"。除"裸商"外，中国目前还有一些"裸官"，利用中国当下的体制漏洞，其家人或已移民美国或准备伺机而动。

"裸商"和"裸官"把他们在中国眼下的生活称之为"裸奔"，把中国当下称之为"裸时代"。250名中国投资移民客被骗以后，集体失语，难道其中有何隐情？

第一节："天国公民"的困惑

澄澈的蓝天当头，和煦的海风拂面，海鸥翻飞，鲜花盛开，绿树掩映，这一切原本只在梦境中出现。这一次，梦境成真，只不过是在地球的另一端，大洋的彼岸。望着后花园里的花草树木，沈晨很享受，唯一要做的是尽快适应这里的新生活……

2012年初，沈晨一家四口通过投资移民来到美国，最终选择在加利福尼亚州的欧文市（Irvine）落脚安家。欧文市位于加州的橙县（Orange County），20世纪60年代以后由一家名为"欧文公司"的房地产公司规划开发，社区配套设施完善，非常宜居，是橙县比较富裕的小城，教育资源也相当丰富，知名学府加州大学欧文分校便坐落在这里。

欧文市占地面积大约170平方公里，2010年统计人口为21万左右，其中拉美裔约占一成，亚太裔占到四成，其中主要是华裔和韩裔。2008年，在美国有线电视新闻网全美最宜居的城市评比中，欧文名列第四，市内的教育、就业机会和住房条件均获得很高评价。在2012年的评比中，欧文全美名列第六。2011年，在美国《商业周刊》杂志的全美最佳城市评比中，欧文名列第五。2010年6月，美国联邦调查局数据显示，在全美人口超过10万的城市中，欧文的犯罪率全美最低。

欧文市政中心

欧文高档社区一角

决定投资移民之前，沈晨曾三次亲自从中国来到这里考察，经过仔细对比和亲身体验，最终将落脚地选在了欧文。

按照美国投资移民法的规定，投资移民申请者可以递交一份申请，获批后则全家受益。尽管老公也拿了临时绿卡，但由于国内有几家公司需要打理，所以沈晨独自一人带着两个儿子在欧文生活。

在中国国内，沈晨的大儿子读的是国际学校，来美国之前也读过英语预科。由于家庭条件过于优渥，身为"富二代"的他在国内读书一点儿也不刻苦，来美国之后基本交流问题不大，但要申请一所很好的大学仍需付出艰辛努力。采访他们时，沈晨的大儿子正在准备托福考试，打算申请加州大学欧文分校，想读商科，将来子承父业。

吃一堑长一智，不能让大儿子的"悲剧"在小儿子身上重演。如同许多亚裔美国家庭一样，沈晨非常重视小儿子的学业。在美国上小学，功课相当轻松。但每天下午3点下课后，沈晨单独给小儿子请了家教，覆盖全部重要课程，包括中文、英语、数学和英语写作等。在美国，人工费相当贵。但对于沈晨来说，用钱能解决的事都不是问题。

2013年10月初，利用年休假，我们来到沈晨在欧文的家，她老公也从国内来到美国与她们团聚。沈晨一家在这里住的是一栋独栋别墅，价值约400万美元。2012年买的时候因为支付的是现金，价格还比较优惠。

周一到周五，清晨不到6点钟，沈晨准时起床，叫醒小儿子，吃完早饭，便开着她的越野车把儿子送到校车车站。因为担心安全，沈晨坚持每天让儿子乘坐"大黄蜂"校车，每月400美金，而不是自己开车接送孩子。

送完小儿子，沈晨或者去健身、购物，或者去社区大学学习英语。"刚到美国的时候，英语一点儿都不会，没有驾照，GPS导航都听不懂。不懂英文，生活处处是难题，"说起刚踏上美国的那段经历，沈晨用"苦不堪言"来形容。

由于英语不好，家里平时的"涉外"工作都由大儿子负责翻译。2013年，大儿子已满18周岁，在美国已经过了读高中的年龄，只能暂时在一所社区大学一边读书一边准备托福考试，然后申请大学。

社区大学的功课比较轻松，周一至周五只有上午有课。剩余时间可以自由支配。沈晨的大儿子酷爱电脑游戏。走进他的书房，书架上的书寥寥无几，偶尔有几本还是关于电脑游戏的书。书桌上摆放着一本托福考试书，看得出来已经翻开很久了。

不少中国人移民美国，一方面是为了换个环境，另一方面是为了孩子的教育。但大儿子的教育问题原先可是令沈晨头疼的一件事。"环境改变人，这句话一点都没错"，沈晨说。来到美国之后，身为"富二代"的大儿子发生了可喜的变化，让沈晨十分感慨。

沈晨说，刚到美国时，着急用车，也不太了解中美之间汽车差价那么大，随便买了一辆汉兰达越野车。熟悉情况之后，他们又花了约6万美金，买了一辆宝马X6。平时，大儿子开着宝马去读书，去健身，当然也是开着宝马去餐馆打工。

在沈晨家吃过晚饭，她开车带着我们来到了大儿子打工的中餐馆。

在美国，即便是想到中餐馆打工的工作也不太好找，面试和试用期一样儿都不少。这是当地一家经营过桥米线的中餐馆，此前，沈晨的大儿子本打算到另外一家规模更大的中餐馆去打工，却被老板无情地拒绝了。

直至现在，大儿子对被拒绝的事还一直耿耿于怀。"被拒绝的那一瞬间，我就想拿钱把那家餐馆买下来"。大儿子说。

上午，大儿子在社区大学上课。下课之后，便跑到过桥米线餐馆打工。他一开始是负责"跑堂"，端茶倒水，买单结账，六七个小时腿都跑断了。我们去的时候刚好是他打工的第一天，也是试用期。

原本说要点餐，点名让大儿子给我们服务，多给小费，由于过了点餐时间只能作罢。等到餐馆打烊，我们和沈晨的大儿子一起来到餐馆外面广场的椅子上。

大儿子手捧一份宫保鸡丁盒饭，还没有开吃，便匆匆从口袋里掏出50美金。"妈，老板决定雇佣我了，今天赚的"。大家心里都清楚，大儿子打工绝不是为了赚钱，至少我是第一次接触开宝马去中餐馆打工的人。

已是晚上10点多，看着儿子狼吞虎咽地吃着宫保鸡丁盖饭，喝矿泉水，沈晨有点儿心疼，但是心里却很欣慰。她转过头来压低嗓门儿偷偷跟我讲，"以前在家里，这是倒了油瓶都不会扶的主儿，现在在中餐馆跑得飞快，很听话，有进步"。

话语中，我能听得出来，这是母亲对儿子积极变化的一种肯定。处于青春叛逆期的儿子，也用自己的实际行动向父母证明"我能行"。不管怎样，这种变化让沈晨和丈夫都很高兴。"走，走，走，咱们找个地方给儿子庆祝一下，打工第一天"，沈晨的丈夫提议。

"算了吧，这么晚了，我们去健身吧"，大儿子说。我们开着车来到了沈晨另外一栋房子所在的社区。这个社区也是一个封闭式的小区，可能是习惯了国内的封闭式社区，沈晨在美国买的两处房产都是封闭式小区。

这栋房子比他们现在住的那一栋面积稍小一些，但社区设施一点儿都不逊色，休闲、健身设施应有尽有。给我印象比较深的是，游泳池旁边的露天温泉SPA，一年四季开放，定期有专人维护，盐水消毒，低调中透着奢华。

大儿子脱下T恤衫，由于平时练习游泳的缘故，身材已经完全"美国化"，异常健壮，背上露出一块偌大的纹身。"在中国，纹身有点不务正业的意思，当兵体检都过不了，但在美国，纹身好像没有什么，美国大兵纹身得很多"。沈晨的丈夫说，中美真是有好些地方不一样，需要慢慢适应。

随着在美国生活的时间越来越长，沈晨也逐渐适应了新的环境，交友圈越来越广。不管在国内还是国外，中国人都对房子有着一种特殊的感情，房产毫无疑问也是移民到美国的中国富豪们的投资首选。沈晨也不例外，比较关注的仍是美国房产。沈晨说，她现在的这套房产已经出租，由于地理位置不错，房租相当可观。

2008年金融危机爆发后，当美国中产阶级被房贷压得喘不过气来的时候，中国的投资移民客在美国基本上是全款买房。中国房地产市场节节攀升，政府屡次干预限购，效果却适得其反。美国没有限购政策，只要政策允许不违规，包括投资移民在内的中国炒房客一掷千金，搅动整个美国房地产市场。

尤其是美国中西部城市底特律申请破产保护前后，这座位于密歇根州的昔日"汽车之城"涌现出"一美元"的超低价房产，加之国内一些"不明真相"的媒体煽风点火，中国大陆炒房客跃跃欲试，欲纷纷抄底。

不过，对于中国投资移民来说，更关注的是高增值的房产。美国当地媒体报道，中国人买房最青睐的地方是加州，而中国买家则遍布美国44个州的房地产市场。

近年来到美国购房的中国人有两类：一种是借改革开放 "先富起来的"一部分人，买房目的要么是移民，要么是投资，将国内的资产转移到国外。另一种是涉嫌贪腐人员，通过非法手段获得财富，或以亲友名字，或以其他各种规避方式，到美国购房，随时准备从中国开溜。

2013年7月，美国全国房地产经纪人协会发布报告显示，2012年，中国人在美国购买房产的总价值高达123亿美元，仅次于加拿大，成为美国第二大海外房地产买家，令人惊讶的是接近70%的中国买房客全额现金支付。另外，报告指出，中国购买房产的均价为42.5万美元，高价房居多。

有一次，在小儿子的家长会上，沈晨认识了早些年从台湾移民到欧文的劳女士。劳女士一家在欧文生活了很多年。平时，遇到不懂的问题，沈晨也会向劳女士请教。周末，劳女士有时也会约沈晨一起去附近的基督教教堂礼拜。

其实，对于沈晨而言，至少是一开始，她对基督教的兴趣不大。即便是她们去的这家教堂已有上百年历史，也只是碍于朋友情面，就当是去教堂感受一下美国的宗教和文化氛围。

"你要问我信上帝吗？至少现在我还不太相信，但去教堂能认识很多朋友，可以参加很多社区活动。我也在教堂祷告，祈祷老公在国内生意顺利，儿

位于芝加哥北郊的巴哈伊教堂——北美地区唯一的一座巴哈庙宇，全球仅有7座。

子学业有成，身体健康"，沈晨对我说。

"有时候，我在想，现在我移民到了美国，等拿了永久绿卡之后，到底要不要成为美国公民？我的胃还是中国胃，吃不惯西餐，朋友圈大多也是华裔，台湾人。让我从灵魂深处成为一名基督徒，至少现在还比较难。"

沈晨说，牧师经常告诉她们，"不要在乎自己是美国人，还是中国人，来到教堂，你就是天国的公民，是笃信上帝的信徒"。对于沈晨来说，依然无法理解什么是"天国的公民"，而从法律上说，她现在拿的是临时美国绿卡，只有两年以后，她在纽约投资的项目进展顺利，符合移民局要求，才能递交申请，去除临时绿卡的附带条件，获得永久绿卡。

或许到那时，沈晨才会考虑加入美国国籍的事，而此时此刻的大洋彼岸对她而言依然显得那么陌生。沈晨告诉我，其实对她来说，国籍并没有多大的诱惑力，她对选举和政治压根儿也不感兴趣，雄厚的资金实力更不需要她靠入籍换取养老福利等。

不过，沈晨比较担心的还是纽约的投资移民项目进展情况，能不能创造并保持足够的工作岗位，进而通过移民局的审查，尤其是在芝加哥"会展中心"中国投资移民诈骗案被曝光以后，这种担忧更加严重了。

相比国籍而言，沈晨一家更在乎的是绿卡，是欧文这片净土的无拘无束，是人际关系的简单和无人打扰的惬意。大洋彼岸的生活固然美好，但是新的环境，新的文化，都需要时间去适应，对于早已步入不惑之年的沈晨而言，显得有些力不从心……

第二节：移民国度与"一枝独秀"

美国是一个具有典型移民特征的国度，更是移民受惠国。

除土著印第安人外，今天的美利坚是由100多个民族组成的混合体。移民在美国历史上发挥了不可替代的作用，没有移民的积极贡献就没有美国的今天。这

加州西海岸浩瀚的太平洋——站在加州一号公路旁眺望

些移民，不仅包括当年用自己的血肉之躯为美国修建铁路、在旧金山挖金矿的华人劳工，也包括今天来自全球各地、活跃在美国高科技领域的专家和学者。

吸引具有专长和杰出才能的高素质人才移民美国，是美国长久以来的一项政策，既有利于解决美国人才供不应求的矛盾，又能节省大笔教育经费，为其所用增强国力，促进本国经济发展。

2008年金融危机以后，美国银行信贷紧缩，很多商业开发项目融资更加艰难，海外资本成为不错的替代来源。因此，美国把注意力放在了他国民众的"钱袋子"上，希望通过投资移民来提振美国就业，复苏经济，我认识的沈晨只是其中的一位，与投资移民项目密切相关的"区域中心"也蓬勃发展。

总部位于洛杉矶的华资银行——国泰银行董事长郑家发在接受采访时说，早期赴美的华裔移民的主要目的地是以纽约为主的美国东海岸，携带的资金少，大部分是来美国打拼，打工赚钱。如今，不少赴美的中国移民，目的地大多是西海岸，携带的资金雄厚，在美国投资开发，寻找商机，其中有不少中国投资移民客。

加州硅谷位于美国西海岸，以IT业著称，早期的发展依靠集成电路（IC）。但熟悉情况的人对IC还有另外一种解释，即印度人和中国人（Indian—Chinese），因为在这里从事集成电路的工程师主要是印度人和中国人，尽管硅谷产业目前已不局限于此，而印度裔工程师也早已把其他族裔的工程师远远地甩在了身后。

2013年12月17日，美国著名智库、非政府机构皮尤研究中心发布了一份全球移民报告《全球移民和汇款模式的变化》。报告分析了从1990年至2013年的全球移民趋势和2000年至2013年全球汇款走势。

以联合国和世界银行提供的数据为依据，《全球移民和汇款模式的变化》指出，就本国境内的移民数量而言，美国居于全球之首，全球大约五分之一的移民居住在美国：1990年，美国国内的移民数为2300万；2013年，移民数量已增长至4600万，翻了一番。位居第二的是俄罗斯，境内移民数量大约为1100万。[1]

---

① Changing Patterns of Global Migration and Remittances，http://www.pewsocialtrends. org/2013/12/17/changing-patterns-of-global-migration-and-remittances/

1990年，美国在全球53个移民目的地国中居首位。2013年，美国在全球52个移民目的地国中居首位，基本与1990年持平，一直是全球移民的理想国。截至2013年，大约有210万印度裔移民在美国居住，而1300万墨西哥移民全部居住在美国。

关于移民输出国，报告显示，中国在移民输出国的排行榜上，由1990年的第7位跃居2013年的第4位。移民人数由1990年的410万升至2013年的930万，仅次于印度（1420万）、墨西哥（1320万）和俄罗斯（1080万）。此外，中国也是全球接收汇款第二多的国家（2013年接收汇款602亿美元），仅次于印度（710亿美元）。

早在1990年，为吸引外国资本，促进美国本土就业和经济发展，美国国会通过了投资移民项目法案。根据规定，外国投资人在美国投资至少100万美元，并在至少两年的时间内"直接"创造10个全职工作岗位，便可以申请EB－5投资移民签证。

后来，100万美元的门槛被下调至50万美元，但前提是针对目标就业区。

通俗讲，目标就业区涉及两个概念：即高失业率和偏远地区。高失业率指的是，投资人投资时，其投资地区的失业率是全美平均失业率的至少1.5倍，并以劳工部公布的数据为准。偏远地区是指，"大都会统计区"（由管理和预算办公室划定）以外的地区；或者根据最近10年的人口统计，处于城镇之外的区域，且人口数量在两万以下。

EB－5移民法案出台不久，为鼓励把外来投资集中到具有地区性和全国性意义的项目上来，美国国会1992年10月6日增设一项"区域中心（投资移民）试点项目"（Regional Center Pilot Program）。因为是试点项目，适用期几经延长。

区域中心投资移民项目与之前的投资移民政策规定基本一致，但放宽了创造就业的标准：允许移民局在审查时，可以以"间接"而非"直接"创造10个新的就业岗位作为衡量标准。规定的投资金额也由原先的100万美元降至50万美元。

区域中心投资移民使投资者享受更多优惠，降低了资金门槛，具有更大吸引力。区域中心投资移民项目出台之前，投资移民项目资金要求高，创造就业岗位的压力大，导致申请人数相对较少。

1992年以后，投资移民申请者只需在移民局核准的"区域中心"投资50万美元，"间接"创造的就业岗位也被移民局认可，申请人数于是逐年增加，尤其是来自中国的投资移民申请者。目前，美国投资移民申请中大约95%都是通过区域中心移民项目递交。

1998年至2003年，美国政府暂停区域中心投资移民项目。2003年，时任美国总统乔治·W·布什（小布什）签署法案，将区域中心投资移民项目延长5年。2012年9月28日，总统奥巴马再签署法案，将区域中心投资移民项目再延长3年，至2015年9月30日。

2012年，美国总统大选年，但区域中心投资移民项目却得到民主党和共和党的一致同意，在参众两院高票通过，并由奥巴马签署，足以看出这一项目的分量。总部位于洛杉矶的YK美国集团投资移民区域中心总经理丁伟豪说，尽管区域中心试行多年，但在法律层面依然属于"试点项目"，不过鉴于眼下的经济形势，美国将其变成一个永久性法案的可能性较大。

按照投资移民带动就业的立法精神，"区域中心"以促进地区经济增长、提高地区生产力、创造就业和提高投资为目的，需要向美国移民局提出申请并最终经移民局批准。

讲得通俗一些，根据美国投资移民的现行规定，可以选择以下方式投资移民：

第一：投资新的商业性企业（New commercial enterprise）。申请人可以在美国任何一个地方投资创办并管理经营一个新的商业性企业（1990年11月29日以后）；也可以投资一个已有企业（成立于1990年11月29日以前），需要对企业进行重组，取得新建企业的效果，使其净产值或雇佣的员工数量增长40%。[①]

第二：投资亏损企业（Troubled business）。申请人也可以通过投资一个亏损企业申请EB—5签证。亏损企业指的是，存在至少两年，并且在申请人递交I—526表格，即提出移民申请之前的12个月至24个月内净亏损至少20%。不过，移民局并不要求对亏损企业投资的申请者创造10个新的全职工作岗位，但要求在至少两年内保持现有10个以上工作岗位或者投资时的雇佣状态。

第三：通过"区域中心"申请投资移民。申请人可以通过移民局批准的区

---

① 美国投资移民EB—5简介　http://www.hooyou.com/cn_version/eb5—investor/eb-5-visa.html

域中心，成为投资移民项目的合伙人或股东。与其他投资方式相比，通过"区域中心"申请投资移民不需要投资者参与公司的日常管理和运营，借助"区域中心"间接创造就业岗位，只需满足移民局的"创造10个就业机会"条件即可。

不过，美国移民局对"合格的雇员"也有相应规定。"合格的雇员"包括美国公民、有永久居住权的人和有合法工作许可的人，投资者本人和家属不包括在内。所谓"全职"，要求每周工作时间35个小时以上。如果一个工作岗位由两人或两人以上共同承担，只要每个雇员满足每周35小时以上，也可以算作"全职"。

投资移民项目刚开始那几年，美国移民局签发的EB-5投资移民签证每年只有300至400张，中国申请者寥寥无几。后来，为了吸引更多的海外投资者，美国政府推出了区域中心投资移民项目，降低了资本准入门槛，放宽了就业认定标准，希望增强刺激就业和经济发展的力度，中国投资者递交的申请也逐年增加。

对于一些资本雄厚的中国人来说，投资移民是一条移民美国相当便捷的途径。首先，美国的投资移民对申请人的学历、工作背景、语言能力等均未设定要求，可以说是全球目前最具弹性的移民法案，唯一要求是具备足够资金且能证明资金来源合法。

通过投资移民申请美国绿卡，需经过两个签证申请步骤。EB-5签证获批后，投资者及其家人可以入境美国，但他们此时持有的是附带条件的临时绿卡。临时绿卡的期限是两年，在投资者入境满两年的90天以内，投资者需要向移民局递交"I-829"申请，请求解除附带的条件。

美国移民局官网显示，截至2014年1月1日，美国移民局批准了425家投资移民区域中心。截至2014年6月2日，移民局批准了532家投资移民区域中心。[①]需要弄清楚的是，区域中心并不是一个地理概念，也不特指哪一区域，而是指一个经济实体，区域中心不同，但涵盖的地理区域可能重合。

---

① Immigrant Investor Regional Centers，http://www.uscis.gov/working-united-states/permanent-workers/employment-based-immigration-fifth-preference-eb-5/immigrant-investor-regional-centers

目前，移民局拨给区域中心的签证名额为3000个，而每年投资移民的签证数为1万个。投资就伴随风险，但美国政府并不承担项目的风险。美国移民局只负责审批区域中心，评估投资移民项目是否合乎移民局的要求，并以此为判断标准，决定是否为投资人颁发EB—5签证。

YK美国集团投资移民区域中心总经理丁伟豪认为，美国的投资移民项目眼下整体并不是那么规范，投资者承担的风险较大，处于相对被动的位置。

丁伟豪说："美国把投资移民项目交给了开发商或基金公司，由开发商或基金公司把关，投资者冒的风险较大。把钱交给开发商去做，或者由基金公司去选择项目，如果未能成功，美国政府不负任何责任。政府会认为你的调研功课没做好，所以投资者处于一个很被动的位置。"

"投资移民项目不准担保。移民局再三强调，投资法、移民法和金融法，都不允许任何人对任何项目做任何担保。完全由项目创造的就业人数和经济效益，来判断项目是否成功、投资者能否取得临时绿卡，最终能否拿到永久绿卡。"

丁伟豪说，投资移民区域中心已经有400多家，良莠不齐，"让投资者很晕，不知道要选哪一家。一般来说，对投资者而言，选择已经给投资者办出过永久绿卡的区域中心会比较稳妥，但在全美眼下应该不超过10家"。

丁伟豪认为，是否已经给投资者办出了永久绿卡，是投资者判断一个区域中心好坏的标准之一。"如果一张都没有办出来，最起码你不清楚整个过程，在移民局也没有挂上号。新的区域中心，我不能判断他们好与不好，投资者最好做充分了解，多做功课。从一开始申请到拿到永久绿卡大约需要4到5年时间，尤其是美国现在投资移民政策趋于收紧，审批速度很慢，4到5年完全正常。"

尽管存在50万美元投资款收不回、项目运转不顺、拿不到绿卡的风险，但来自中国大陆的投资移民申请依旧逐年增加，俨然成为美国投资移民申请的主力军。2012年，与沈晨一批通过纽约投资移民项目来美的中国人有50多位。他们来自中国各地，共同点是资本雄厚，却相当低调。

美国移民局官方数据显示，2005年至2012年，EB—5投资移民项目"I—526"签证申请由332份增加至6041份。2012财年（截至当年9月30日），美国移民局收到6041份投资移民申请，处理了4634份申请，批准3677份申请，拒绝957份，批准率为79%。

以2011财年为例，通过EB－5投资移民项目递交的"I－526"申请有3805份，其中1563份获批，371份遭拒。2011年，移民局签发的EB－5投资移民签证3463张。其中，获得这一签证的中国大陆公民为2408人（台湾122人），位居全球之首。美国投资协会（Association to Invest In the USA）统计，按国别分，中国投资者2011年通过EB－5项目获得的签证占总数的比例已接近75%，堪称一枝独秀。

2014年年初，美国移民局发布《2013财年移民报告》数据显示，2013财年，移民局共签发EB－5投资移民签证8567张，超过2012财年的7641张（其中签发给中国人的签证数为6124张，所占比例超过80%）。

2012年，俨然成为中国投资移民年。在这一背景下，美国要给中国投资移民客单独设置限额，或提高投资门槛，各种消息鱼龙混杂，充斥圈内。加之移民中介推波助澜，不少中国的富豪们前赴后继，追随着沈晨的脚步，走上了投资移民美国的道路。

不过，并不是所有的投资移民客都像沈晨那样幸运，能顺利拿到临时绿卡，有的甚至陷入陷阱。2013年中国农历春节期间，芝加哥"会议中心"投资移民诈骗案火爆登场，因涉及大约250名中国投资者，成为迄今为止最大的投资移民美国诈骗案。

第三节：集体缄默刺痛了谁？

2013年，对于美国投资移民而言是不平凡的一年，也是具有里程碑意义的一年，见证了美国迄今为止最大的投资移民诈骗案。案发地位于美国第三大城市芝加哥，主要受害人为250名中国投资者。

2013年3月11日，芝加哥会议中心投资移民诈骗案在伊利诺伊州地区法院第二次开庭审理。直至这一刻，随着媒体的持续关注，中国投资移民深陷骗局的细节才慢慢浮出水面。

媒体曝出这一案件后，远在加州欧文的沈晨十分关注，时不时打电话给纽约投资移民的项目经理，询问进展情况。尽管项目经理每次都给她"吃定心丸"，但沈晨还是不太放心，打算趁小儿子放假期间，再亲自去一趟纽约，考察一下。

2月8日，美国证券交易委员会在官方网站公开披露，对居住在伊利诺伊州的安什·塞西（Anshoo R. Sethi）及其两家公司提起指控，并冻结相关资产，原因是其涉嫌以高额回报和联邦签证项目获取美国绿卡为幌子欺诈外国投资者。

证券交易委员会公布的信息显示，塞西创建了芝加哥会议中心和芝加哥洲际区域中心信托两家公司，向250多名投资者欺诈销售1.45亿美元债券，并收取1100万美元的管理费。

塞西及其公司欺骗投资者称，公司将在芝加哥奥黑尔国际机场附近建设"全球首家零碳排放LEED铂金认证"的酒店和会议中心——芝加哥会议中心，投资者被误导如果购买芝加哥会议中心项目的债券，在获得投资高回报的同时，还将通过美国的EB—5投资移民项目，进而获得美国绿卡。

塞西欺骗投资者说，他们已经获得所有必须的建筑许可，几家著名的连锁酒店也与公司签约。另外，塞西还向分管EB—5移民项目的美国移民局提供伪造材料，以获取移民局对投资移民项目和外国投资者临时签证的许可。

这一投资移民欺诈案件由位于芝加哥的伊利诺伊州地区法院审理，2月20日首次开庭。庭审文件显示，塞西及其公司以获得美国绿卡和公民身份为"诱饵"，诱使每位投资者向其指定的美国银行账户中汇款50万美元和4.15万美元"管理费"。

证券交易委员会说，塞西及其公司从投资者手中收取的管理费的逾90%已经被他挥霍

矗立在纽约自由岛的自由女神像——不仅是纽约的象征和地标之一，也是美国的象征。

掉，尽管他事先承诺如果投资者的签证申请遭拒，管理费将如数归还投资者。其中，大约有250万美元的"管理费"直接进入到塞西本人在中国香港开设的银行账户中。

证券交易委员会说，塞西及其公司多次虚报芝加哥会议中心项目信息，欺骗投资者。在向投资者提供的宣传材料中，他们宣称投资款将用于建设"一座会议中心、酒店大楼，5家高档酒店以及餐厅和娱乐设施等"，均存在不实之处。

另外，塞西在宣传材料中宣称的三家签约连锁酒店，包括凯悦酒店（Hyatt Hotels）、洲际酒店集团（Intercontinental Hotel Group）和喜达屋酒店（Starwood Hotels），均没有与塞西及其公司签署特许经营协议（franchise agreements），其中两家连锁酒店早在两年多前便与塞西及其公司终止了有关项目的合作事宜。另外，证券交易委员会说，塞西及其公司在宣传材料中称芝加哥会议中心的建设将于2012年夏动工，其中第一座高楼将于2014年春天开始投入使用，这些信息均有虚假成份。

庭审记录显示，塞西现年29岁。但他的公司在宣传材料中称"塞西拥有15年的房地产开发和管理经验，尤其擅长酒店业务管理"，另外，塞西创立的 Upgrowth LLC公司"拥有超过35年的经验"，而伊利诺伊州公司记录显示，Upgrowth LLC公司成立于2010年。

现在看来，芝加哥会议中心投资移民项目漏洞百出，只要投资者擦亮眼睛，应该不难发现。幸亏证券交易委员会与美国移民局密切合作，当机立断，通过获得法院的紧急许可，及时冻结了投资者的1.45亿美元资金。

"绿卡打了水漂"只能作罢。追回投资款和管理费，成了中国投资移民客关注的焦点。但奇怪的是，250名投资者集体失语，并没有公开寻求通过官方渠道干预，只是私下找律师打官司，希望尽快追回投资款。

其中一名受骗者找到了总部位于芝加哥的王志东律师事务所，委托律师、中国侨联法律顾问委员会委员王志东代理这一案件，追缴投资款。王志东介绍，投资移民申请在美国逐年上升，近几年来，来自中国大陆的申请占申请总数的大约三分之二，涉及本案的这一项目原本要"招募"299名投资人。据了解，本案中至少有250名投资者来自中国大陆。

3月11日，本案第二次开庭审理。

二次庭审后，王志东说，下一步本案要讨论解决的首要问题是如何尽快安全和准确地将投资款退还给投资人。不过，追回投资款的实际操作并不简单：一方面由于投资者人数众多，意见不一致；另一方面，投资人将款项汇进美国以及在美国境内或境外接收这笔款项的途径大相径庭（后面会叙述到），可能会异常复杂。

4月3日，本案第三次开庭审理。

当天，美国伊利诺伊州北区法院裁定，如果4月17日之前各方均未提出异议，每位投资人的50万美元将于4月17日起的60天内全额退还。4月19日，美国联邦法院位于芝加哥的主审法官埃米·伊夫就本案中退还投资人投资款做出裁定，对开始启动投资款退还亮了绿灯。

埃米·伊夫裁定，允许太阳信托银行（Suntrust Banks）根据芝加哥会议中心、投资人和银行三方当时签订的托管协议，向投资人以电汇或其他适当方式退还投资款。太阳信托银行不得向投资人收取手续费等，如有费用应从芝加哥会议中心在该银行的其他账户中扣除。

另外，裁定不改变原三方签署的托管协议的内容。此裁定发布后的30天之内，太阳信托银行应向证券交易委员会和被告提供退款情况的报告，报告至少包括投资人的身份证明、向投资者退还的汇款金额以及银行尚无法退还投资款的投资人身份清单。

对于银行无法退款的投资人，证券交易委员会可以与投资人的代表律师（如果有律师代表）取得联系，以协助退款。太阳信托银行还需要向证券交易委员会和被告定期提供退款情况报告。

投资移民存在不少风险。王志东提醒说，希望通过美国投资项目进行移民的中国投资人能够从这一案件中吸取经验教训，投资移民申请过程中应多寻求包括律师、会计师和金融分析师等在内的专业人士的帮助，做好尽职调查，以防止上当受骗。

在中国国内，美国投资移民项目的推广主要依靠移民中介公司。区域中心同时也会给中介公司非常优厚的佣金，一笔单子有的高达四五万美元。中介为了获取高额利益，有时会推波助澜，误导投资者；有时会故意淡化项目风险，只要投资者上钩就达到目的。

作为一个移民国家，美国以自由、平等和民主等理念立国，在"美国梦"的强烈感召下，成为了社会各界精英的汇聚地。"移民效应"助推美国不断崛起，成就了今天的霸主地位。可以说，硬件基础设施并不是吸引精英移民美国的最主要原因，相比之下，他们更在乎的是其重视人才的制度和态度、完备的法制环境和民主平等的氛围。

启动退款对于中国投资人而言，是一则好消息。证券交易委员会与移民局通力协作，及时制止了芝加哥会议中心骗局，并迅速提出诉讼，在相当短的时间内，通过法庭命令的形式开始退还投资款。王志东认为，这体现了美国法律的严肃与公正，芝加哥中国投资移民被骗案的发生，对完善美国投资移民体制也将起到促进作用。

根据他的了解，"孩子的教育问题"是本案中不少投资者移民美国的重要考量因素。移民美国后，子女上学和工作将便利不少，如果顺利获得"绿卡"，上学费用便宜很多，如果就读美国公立小学、初中和高中，将享受免费教育。大学毕业后，找工作比较有竞争优势，不用依赖就职的公司申请临时工作签证，待遇也不会因此遭受公司"压榨"。

中国社会眼下处于转型期，贫富差距加大，社会矛盾突出，"仇官"和"仇富"心态严重。富裕阶层对中国政治和政策的稳定心存顾虑，担心财富安

2012年5月北约峰会期间，美国芝加哥。数以千计民众举行反战示威游行，芝加哥市政府派出大量警察在示威队伍两侧维持秩序。

全，甚至一些人对中国的未来发展和走向缺乏信心。因此，诸多因素促使不少投资者举家移民。另外，空气污染、食品安全、生存和生活环境恶化等因素也是富裕阶层移民美国的重要考量。

和沈晨一样，芝加哥投资移民诈骗案中，遭遇骗局的中国投资者在国内经济水平较高，是我们通常所说的"先富起来的一部分人"，50多万美金只是他们移民美国的"试金石"，只不过这一次投石问路没能成功。

他们受益于中国近30多年的改革开放政策，在美国遭诈骗后仍心存顾虑，瞬间集体失语，更不愿意公开身份，避开官方求助渠道，其中缘由不言自明。

为什么在这片生我养我的土地上成长起来的中国富豪们，却不愿留在这片土地上？

如果商业和人文环境不断改善，教育质量逐步提高，尤其是高等教育，让中国家长们不再以子女受过美国教育为荣，政治体制更加民主，依法治国更加完善，社会环境更加公平、充满正义和正能量，人人享有应有的尊严和安全感，又有谁愿意背井离乡，客居他国？

沈晨的丈夫在欧文待了一周时间，国庆假期结束的第二天，就从洛杉矶搭乘航班回国。临走前，沈晨带丈夫到离家不远的一家海参加工批发厂，买了20多公斤干海参。

沈晨说，国内生意上的主管领导需要打点一下，"现在国内的海参不能吃"，美国的海参质量好，无污染，更加安全，深受领导们的喜欢，尽管从加工厂里买的海参没有正规商标，领导们也丝毫不介意，他们非常识货，只认美国野生海参……

第四节："裸"时代与苛捐杂税

随着投资款的逐步退还，美国芝加哥会议中心中国投资移民诈骗案尘埃落定，但留给投资者的是惨痛的教训。全家持有绿卡，自己留在中国继续做生意，伺机而动。财产通过美国投资移民"漂白"，并逐步向美国转移。"进可攻，退可守"，这是在美国的中国投资移民客的一种特有现象，"移民不移居"。

这些人有统一的代号："裸商"或"裸官"。

富商成"裸商"，"裸官"来参政，我们正处于一个"裸奔"的时代……

中国政治经济、投资环境一旦急剧下滑，或者个人生活和经商环境突变，怀揣美国绿卡的"裸商"和"裸官"们可能会迅速抽身，这已经成为圈内毫不避讳的秘密。沈晨一家算是圈内人，她经常听别人调侃，把在中国当下的生活比作"裸奔"。

沈晨的丈夫在中国国内经营几家公司，公司员工几百人，正筹划组建一家生物科技公司，主营业务是基因检测。他们认为，基因检测在国内是一门新兴行业，解决温饱之后，越来越多的人更加注重身体健康，希望通过基因检测进而提前预防疾病的人越来越多，因此存在广阔的市场发展前景。

拿到临时绿卡之后，沈晨的丈夫想在美国开拓市场，希望能找一家美国的生物科技公司开展合作，或者作为美国公司在中国的代理商，"美国的生物科技技术比国内还是发达，中国的市场前景十分广阔，好莱坞明星安吉丽娜·朱莉就是通过基因检测，切除乳腺，降低乳腺癌的发病几率。"

沈晨的丈夫出生于20世纪60年代初。那代人的童年和少年时代都被打上了深深的"红色"烙印……红旗、红太阳、红像章、红袖标。可以说，那是迷醉在红色里的童年和少年。

"那可真是一段激情燃烧的岁月，讲阶级斗争，批师道尊严，提倡学制要缩短，教育要革命。我没有赶上上山下乡，也没有在农村的广阔天地吃苦，但是该读书的时候也没能好好读书，荒废了，以前欠下的功课都需要在工作中慢慢补"，回忆起那些尘封已久的往事，沈晨的丈夫滔滔不绝，但言语中透着丝丝忧伤。

他说，平时也不愿意去触碰那块伤疤，为了能尽快跟美国的生物科技公司搭上话，也在拼命地补习英语，每晚在忙完工作后坚持学习到深夜，"我有翻译，但是自己会比什么都强，有时候，特别感谢那段岁月，因为它让我倍加珍惜今天的日子，要牢牢地把握住当下。"

"移民不移居"，拿绿卡而不入国籍，是不少中国投资移民在美国的现状。一方面，他们把孩子送到美国，着眼将来的教育和自己的财富安全；自己留在国内，是舍不得国内的产业以及高额的利润，当然也有一些人舍不得项上的"乌纱帽",而后者即为"裸官"。

2014年1月,中共中央印发《党政领导干部选拔任用工作条例》明确规定,配偶已移居国(境)外,或者没有配偶、子女均已移居国(境)外的("裸官")等六种情形不得列为考察对象。"裸官"列入六种情形之一,是一条新规,充分说明中国高层已意识到"裸官"的存在及问题的严重性。

YK美国集团区域中心总经理丁伟豪介绍,其实,对中国现任官员来说,投资移民美国存在不少障碍,"党员还可以(不太受影响)"。第一,如果是处级以上干部,单位都会把他们的护照收上去,"我们也经常跟他们讲,如果你是官员,你的父母、配偶和子女可以先办投资移民"。

不过,丁伟豪坦承,YK美国集团不太愿意接受官员办理投资移民。按照美国投资移民申请规则"一份申请,全家绿卡",实际上,只要是一个家庭递交一份申请,获批后全家都可以拿到绿卡。"但他(官员)本人不能当主申请人",丁伟豪说,"而且,他的名字也不能出现在申请上。"

这也是不少现任官员的通常作法。

丁伟豪说,1979年他来到美国,因业务需要在中美之间一直奔波,对中国的情况也很熟悉。北京的一些朋友也经常说,现在新一届中国政府的反腐力度很大。2014年据传是过渡期,到2015年,中国政府可能会要求官员、包括自己的家人和子女在内,如果在国外有身份,都要上报。

"他当时可以不申请,他的家人(比如说配偶作为主申请人)申请获得绿卡之后,他以后(离职或者退休)可以再申请绿卡,与家人在美国团聚。"

"美国绿卡政策相对人性化,子女、配偶和父母移民没有名额限制,但为父母申请绿卡必须是本人加入美国国籍之后才能申请。比如说,你家里有一个人有绿卡,将来你退休或离职了,可以申请美国绿卡,但如果你是现任(政府官员),一般人也不愿意放弃(官位)。美国政府不希望中国政府官员办身份,中国政府也限制官员移民。"

投资移民美国的唯一条件是要证明投资资金来源合法,这也是移民局核实的重点内容,以防止外国人借助投资移民"洗钱"。丁伟豪说,进入美国的第一关是要证明投资来源合法。美国政府不希望外国人借助投资移民"洗钱",但移民局对投资移民资金来源的限制也并不苛刻,通过继承、累积、赠予和借款等方式获得的资金均可办理投资移民。

丁伟豪解释说，通俗讲，继承就是父母留下的钱；累积就是自己赚来的钱；赠予包括朋友和父母亲赠予的钱；如果把房子抵押给银行，通过银行贷款也可以，但谁出钱谁就要来做资金证明。即便是你到澳门赌马赢了一大笔钱，也可以用来投资移民，但前提是要出具合法资金证明。

加拿大要求投资移民申请人"从第一天赚取的第一桶金"就要证明来源合法。与加拿大和澳大利亚相比，丁伟豪认为，美国对证明资金来源合法性的要求相对宽松。

他举例说，很多年前，一个客户在北京买了一套房子，房价当时几千块一平米，现在北京房价飙升，每平米几万块。客户把房子抵押给银行，然后从银行贷款。那么，只需要证明你的购房款来源合法即可，比如说通过工资，其实要证明工资收入来源合法并不困难。

目前，中国实行个人外汇管制，每人每年限额为5万美元，但美国投资移民的最低投资额是50万美元，如何将50万美元汇入美国的指定账户呢？丁伟豪说，眼下通常做法是"通过自己亲朋好友"凑足10人，化整为零，再把投资款汇入指定账户，这是美国移民局允许的。

不过，也有一些中介提供"外汇黄牛"业务，只需要几千块钱的中介费便可以轻松搞定。甚至国内一些银行也有相关的"优汇通"业务，帮助客户解决换汇问题。另外，也有一些银行通过在美国的海外分行兑换外币，绕开外汇管理局的兑换系统，打擦边球。更有甚者，为了获利，移民中介与银行相互勾结，帮助客户造假洗钱。

据传，也有一些投资移民客采取"非常规"做法。比如，在一些大型离境口岸成立公司，将资金先注入公司，然后汇入美国EB—5投资移民的指定账户。

也有一些企业主，资金压在流水线上，为了移民采取向企业借款的形式，或者以公司房产抵押向银行贷款，用贷款做投资移民，逐步转移资产，等国内环境恶化便申请企业破产，利用美国身份一走了之。

丁伟豪说，这种做法涉及违法违规，他们不提倡这样做。如何证明投资资金合法一般会交由资质较好的中介处理，他们有"对口"的律师事务所和会计事务所负责处理。

正如美国著名政治家、科学家本杰明·富兰克林所言，世上有两件事不可避免，死亡和纳税。投资者一旦拿了美国绿卡，便成为美国纳税人。因此，不少中国人投资移民美国之前首先会咨询相关的专业机构，未雨绸缪，合法合理避税。

全球著名会计事务所罗什美国际会计事务所律师、注册会计师，全美中国业务服务团队总负责人纪旸接受采访时说，2010年3月18日，鉴于美国经济衰退、政府税收缩水，同时也为了弥补现行税收机制的缺陷，便于美国税务机关获取更多税务信息，美国推出了《鼓励聘雇恢复就业法案》。

《鼓励聘雇恢复就业法案》，为美国国内收入法典增加了第4章，即"外国账户税务合规法案"（The Foreign Account Tax Compliance Act，简称"FATCA"），引发全球各国政府和金融机构极大关注。

纪旸说，出台这一法案的主要目的在于打击美国纳税人的国际逃税，主要意在通过加大透明度、强化申报、加强处罚，使美国获得关于美国纳税人拥有的海外账户和投资的信息，以侦察、阻止、防止海外避税。

这一法案的核心要求是，外国金融机构需要承诺，每年以集团为单位向美国税务机关报告相关美国账户信息。年末账户余额5万美元以上的美国人持有的账户，将被认定为"美国账户"。需要上报的信息包括姓名、地址和纳税识别号、账号；年末账户余额或价值；账户总收入和总付款金额。

届时，未签订协议或签订协议却未履行合规义务的非美国金融机构会被认定为"非合规海外金融机构"。作为惩罚，美国将对非合规海外金融机构按其来源于美国的收入（包括其所持有的美国投资收入、美国股票股息收入、美国债权利息收入等）征收30%的预提税（withholding tax）。

根据中美双边税务协议规定：对于利息的预提税不能超过10%。30%的惩罚性税率将使税额加倍。此外，不仅是美国的银行等金融机构，包括中国公司在美国的客户也有代为扣税的义务。

"外国账户税务合规法案"有具体配套要求：第一，遵守身份尽职调查和验证程序，获取识别账户持有人的必要信息。对个人，识别其是否为美国人；对机构，识别其控股10%以上的股东是否为美国人。第二，开展定期回顾，需每年对存量账户的客户信息进行重检，核实是否为美国账户。第三，遵守美国财政部关于提供美国账户持有人额外信息的要求。在法案执行过程中，美国财政部可能会要求提供额外信息。第四，尝试获得账户持有人信息披露授权，如不能在合理时间内取得授权，则应关闭账户。第五，接受美方监管评估，美国当局有权定期对外国金融机构尽职调查程序的完备性进行评估。

2010年3月18日，美国政府颁布"外国账户税务合规法案"，此后关于这一法案的推进紧锣密鼓。2011年12月底，美国税务局出台实施细则建议稿。2012年，美国税务局出台实施细则正式版。2014年6月30日，为外国金融机构签约的最后时限。2014年7月1日，30%的惩罚性预提税开始生效。

纪旸分析说，主要金融市场国家监管机构基本赞同美国打击国际逃税行为的努力，因为这符合加强税收监管的大趋势，但普遍认为法案的实施还存在很多障碍，或给外国金融机构施加了过重的负担，正就法案实施涉及的具体问题与美国有关方面进行探讨。

中国政府也在与美国政府开展关于"外国账户税务合规法案"双边协议的谈判。如果双方达成协议，中国的银行可以享受以下优惠：按中国政府的规定向中国政府申报，要求申报的项目可能有所减少。尽管法案的低避税风险条款对低风险地区有豁免，但美国政府尚未指定任何国家或地区为低风险地区。

"外国账户税务合规法案"给中国银行业带来风险和挑战。第一，实施法案，将面临很多困难，包括法律冲突、成本高昂和时限紧迫。英国银行协会介绍，英国的银行为落实法案需投入的成本超过10亿英镑。2014年7月1日法案正式生效，实施法案最重要的任务之一是系统改造，这需要很长时间，各金融机构时间紧迫。

第二，如果拒绝实施，将面临巨额财务损失和市场丧失。

首先是财务损失。与参与的外国金融机构交易时将被代扣30%的预提税，该款项由参与的金融机构逐笔、区分标准计算，尽管无法准确估算损失金额，但累计金额将十分可观。

其次是市场丧失。客户会因为拒绝承担惩罚性预提税款项损失，而与不参与的金融机构产生纠纷，并选择终止与其业务关系。同时，参与的金融机构考虑到实施成本，也会减少乃至拒绝与不参与的外国金融机构交易。最终，不参与的外国金融机构将被迫逐渐从金融市场中退出。

因此，在纪旸看来，一旦"外国账户税务合规法案"实施，美国海外纳税人的逃税行为或将无处遁形。

需要明确一个概念，美国纳税人包括公民和绿卡持有者。投资人获得美国临时绿卡之后，需要在180天之内入境美国。从登陆美国当天起，便开始履行向美国政府申报财产、收入的义务。

不过，在成为美国永久居民之前的海外非增值资产不需要向美国政府纳税，只有登陆后实现的增值收入，才需要向美国政府申报并依法纳税。

据了解，相当比例的中国投资移民客在中国有公司，仅靠工资收入的普通工薪阶层占投资移民的比例极小。拿到绿卡之后，根据"外国账户税务合规法案"规定，国外的金融机构每年需向美国税务部门申报"美国账户"情况，而美国税务部门也要求美国纳税人主动申报海外银行和金融账户（FBAR）的情况。

因为是主动申报，业内人士把它称之为"自首"。纪旸说，每年FBAR上报截止时间是6月30日。美国公民或者是拿绿卡居民，以其海外账户为准，一年中的任何一天，其总额超过1万美元，都必须向美国财政部申报。控股超过50%的公司账户也会算作你的个人账户，也需要向美国政府上报。如果故意隐瞒，每年将处以1万美元罚款，如果多年没有申报，罚金数额累计，外加利息，情形严重的还要承担刑事责任。

纪旸说，FBAR要求纳税人自愿申报，属于"自首"，这是第一步。如果你不"自首"，"外国账户税务合规法案"要求国外银行汇报美国账户情况。30%的惩罚性预提税只是一个手段，迫使国外银行向美国政府提供数据。如果两者的情况出现不一致，申报人将会遭到税务部门的重点调查。

纪旸分析认为，包括中国政府在内，各国政府都在盯着"外国账户税务合规法案"，尽管这一条款很霸道，但其实各国政府都希望这样做，"美国实施以后，其他国家或许都会效仿，中国政府下一步大概也会这样做，第一步先学FBAR。"

在美国，偷税漏税者将面临巨额罚款，情况严重时甚至可能有牢狱之灾。在投资移民前，中国的富豪们都会向移民中介机构详细咨询，求助于专业的会计事务所，聘用专业的会计师，就如何向美国政府申报财产，如何设计合法、合理的逃避税方案进行探讨，量体裁衣，找到适合自身的最佳方案。

YK美国集团区域中心移民项目的推介机构、移民中介中国澳昇集团总裁胡升安接受采访时说，在美国，税务局很愿意对有钱人进行查账，不过有很多方法可以让中国投资人合法、合理地避税，其中包括办理信托基金和养老金账户等方法。

胡升安说，第一，"全球征税"的观点在美国深入人心，但是很多人不明白，拿到绿卡之前，投资人的资产不需要向美国政府纳税，也就是说在移民前，可以把大量的资产转移到美国而不用纳税。这种方法对从事海外贸易的中国投资者尤其适用。准备移民美国前，只要通过一个银行指令，便能把资金全部转到美国。

第二，富人比较关心的是遗产税，采取信托基金的方式可以降税。在美国，信托基金是富人规避税务的一个比较流行的方法，如果由专业人士来操作，税务可以降到很低。通过信托基金，投资者可以把钱放在指定者的名下，但资金的使用权由投资者掌控。

第三，设立养老金账户合理避税。美国政府对养老金有相关的税收优惠政策，并且鼓励个人多交养老金，养老金越晚用越好。存在养老金账户的钱，只要不拿出来用是免税的，即便你用养老金炒股，也不需要交资产利得税。

其实，对于绝大多数美国人来说，他们自己也不清楚到底要向税务部门交多少税。一到申报的时候会请专业的理财师或会计师帮忙。美国的个税申报率高达90%以上，纳税原则是自觉申报，如实报税可以获得退税奖励。

针对投资移民纳税问题，纪旸表示，有三个误区需要澄清：

误区一：一旦获得美国绿卡，美国将对绿卡持有人的全球资产（包括中国）进行征税。

首先，需要明白资产和收入的区别。资产是你从过去一直到现在已经获得的财富，收入是你当年的投资收益或者工资、奖金和提成所得。美国的全球征税政策针对的是个人收入，而不是个人资产。举例说，假定你在国内有价值2000万人民币的房地产出租，每年获得租金200万人民币。一旦你获得美国绿卡，美国税务局并不会要求你为2000万人民币的房地产交税，而只会对200万人民币的租金收益征税。

误区二：一旦获得美国绿卡，所有的国内收入都要向美国政府纳税。

美国对从海外获得收入的人每年有近9万美元的免税额。举例说，如果夫妇两人都持有美国绿卡，每人每年在中国有10万美元收入。如果分别报税，扣除9万美元的免税额，他们每人每年只需要就1万美元的收入报税。并且，这1万美元如果在中国已经交税，或者如果在美国有生意费用支出，可以享受税务抵扣。

误区三：一旦获得美国绿卡，绿卡持有人的中国公司也需要向美国政府纳税。

美国的全球征税是针对绿卡持有者个人。如果绿卡持有者拥有中国公司的股份，中国公司产生的利润没有通过分红的形式分配给绿卡持有者，那么绿卡持有者并不需要为其所拥有的中国公司的利润向美国政府纳税。

第五节：起底移民中介

2014年1月，作为YK美国集团区域中心投资合作伙伴的胡升安来到美国加州，考察投资移民项目。胡升安，祖籍浙江宁波，是澳昇集团董事长兼总裁。澳昇集团是一家从事移民服务的中介公司，据说在澳大利亚墨尔本、悉尼、中国上海、杭州、宁波、郑州等地拥有6家子公司。

胡升安说，他的奶奶是清朝两广总督张之洞的后人，"我们的家训是君子爱财，取之以道。我可以不赚这个钱，但是一旦我决定去做了以后，做人、做事一定要负责任。在美国选择投资移民项目，我从20个或者30个当中才选一个。"

从事移民中介行业之前，胡升安从事过多年的贸易生意，所以这段经历总会让他从商业角度审视投资移民项目的可行性。此次来美期间，他一共考察了6个投资移民项目。"现在，这6个项目的商业计划全部在我电脑里，我会仔细分析。"

受先前经商的影响，胡升安对做生意的模式很了解。在他看来，EB-5在美国其实就是一个生意模式，"你要去判断这个生意模式会不会成功，或者作为投资移民，提供资金的一方有没有保障，这两点是需要你去看的。"

"为什么我们跟YK美国合作呢？我选美国项目，第一要看他们的人，他们原先做过多少（投资移民）单生意，表现怎么样，现在项目模式怎么样，将来EB－5（资金）怎样安全退出等等，所有的程序，我自己首先要看得很清楚"，胡升安说。

"看清楚以后，我才会到中国国内去推介这个项目。我一年在上海要接触30家左右（投资移民）基金公司。但对我的这种做法，很多美国的基金公司不喜欢。他们认为，作为中介，你赚钱就行了，管那么多干吗？"

"如果把关不严，哪怕只出了一个差错，将来你的信誉会受损，做生意是靠信誉的。"胡升安说，"现在在业内，很多移民中介是骗了一次又一次。如今，中央查贪官，连部级贪官都可以指名道姓，为什么对这些黑中介的名单却不能公布于众呢？"

说起芝加哥会议中心中国投资移民遭遇欺诈时，胡升安道出了此番话。这一案件牵涉国内多家中介，但直至最后，涉案的中介公司名单也没有被曝光，其中甚至包括一些所谓的中字头媒体也牵涉其中，这在他看来很不能理解。如果没有中介机构从中推波助澜，芝加哥投资移民诈骗案嫌疑人安什·塞西的阴谋根本不可能得逞。

"其实，要判断芝加哥会议中心项目存在的问题很简单，但关键在于国内的一些中介没有实话实说，因为中介拿了佣金。如果你不把中国的根源（黑中介）挖出来给大家看，媒体的报道充其量只有新闻价值，没有社会价值"，胡升安说。

现在，业内有一种说法，谈及投资移民，该找哪一家中介，客户都在扔签。"这个（中介）公司，我扔到一支上上签，我就去做……国内媒体应该做的是把黑中介曝光出来，这样他们就不敢再行骗"，胡升安说。即便国内一些投资移民客户在网上发帖揭露实情，但毕竟是个人行为，力量过于单薄，移民中介一下子就可以把他们的言论屏蔽掉。

"很多人看我们这个（移民中介）行业，就是一个不良行业，我有时心里有点难过。没有办法，我看到的绝大部分中介公司是以钱为衡量标准，不是通过确认项目去做，而是确认钱最多去做，给你钱最多的一般跟良心成反比，所以问题可能就出在这里。"

"为什么国家不能把出过事的人，或者是出过事的中介机构公示于众呢？这样对移民中介行业的自律会有帮助。有些人担心，指名道姓会遭受报复，但问题是大家都不出来说，指出问题所在，那投资移民客户怎么办？"

胡升安介绍说，上海原先有33家移民中介公司，最近又新批了15家，总共不到50家。北京大约有200多家，全国移民中介超过1000家（大约在1500至2000家之间），但规模比较大的公司全国最多不到20家。"北京几乎所有有名的大的移民中介都出过事，只要你知道名字的中介全都出过事。"

现在，与美国情况不太一样，中国国内的信息相对闭塞，并不是所有信息都能查到。比如说，一家中介公司可能之前失败好多次，但由于广告投放比较多，市场比较大，与之相关的负面信息被屏蔽掉，顾客看到的只是成功的案例。

胡升安说，有的中介公司每年办理四五百位投资移民，可能一下子失败150例，但没有人知道。比如说，芝加哥会议中心投资移民诈骗案中，250名中国投资者遭欺诈，但没有一家调查机构去统计究竟哪些中介牵涉其中。

衡量中介机构好与坏的标准，胡升安说，不是说看中介机构投放的广告有多少，也不应该看这家中介一年做多少投资移民，而应该看其失败案例的比例，或者有没有失败的案例，这才是衡量一家中介是否靠谱的重要标准之一。

胡升安认为，现在中国国内投资移民面临比较尴尬的局面是，越专业、对EB—5越懂的中介机构签的客户越少，而一些不良中介公司以赚钱为目的，介绍EB—5项目时故意淡化风险，签约客户往往很多，只要忽悠客户把钱投进去，他们就能得到相应的报酬。

现在，通过澳昇集团办理美国投资移民的数量每年大约有100户左右。按照胡升安的说法，包括芝加哥会议中心在内，中国投资移民失败的案例据估计应该在1500至2000位左右。这些客户实际上是吃了哑巴亏，根本没有人知道中介对他们做了什么手脚。

根据胡升安介绍，目前，中国人投资移民美国主要出于以下考量：

第一，为了美国的教育、环境、福利而移民。目前，无论从科技，还是文化等层面看，依然是一个英语国家占主导地位的世界，美国在这几方面依然占据优势地位。借助投资移民，可以实现这一目的。中国家长想让孩子到美国接受教育，而美国的科研条件和教育设施都比较先进。

第二，为了保障本人的财富安全需要而移民。现在很多有钱人，中国形势好的时候，他们赚钱；但当经济形势不好的时候，这部分人就可能亏钱，他们想在海外投资，拿一张绿卡，通过投资移民将部分资产转移到美国。但由于文化差异等因素，绝大部分投资移民的中国人实际上也不愿意彻底斩断在中国的根。

谈及中国投资移民的失败原因时，胡升安说，"我想99%的原因是国内一些中介公司在对项目不了解的情况下，盲目地劝说客户。很多移民中介推销手段五花八门，他们会跟你说，纽约你还不放心吗？事实上纽约出问题的投资移民项目已经不至一两个了。"

"有的中介会宣讲，我已经做过多少个项目和客户了，你还不放心吗，其实他并没有告诉你他做过的项目中成功的有多少，失败的有多少。"

很多中介机构根本不懂EB—5投资移民，完全以美国方面提供的信息为准，不核实他们的商业计划书，或者只看市场推广材料，却不看区域中心报送移民局的材料。他们把问题掩盖，只传递"光鲜"的一面。为了赚钱，一些中介机构报喜不报忧，推波助澜，把客户一步步推向"火坑"。

因为美国投资移民的确有风险，"我会亲自到美国考察项目，与YK美国集团合作是跟他们接触6次之后才决定合作的"。那么，该如何减少投资移民风险呢？第一种情况是：如果区域中心的项目事先获得移民局预批，这就相当于I—526已经获批。现在国内中介根本不提预批，实际上移民局对项目的预批是对客户最大的保护。

另一种情况，如果项目没有获得移民局预批，就需要由移民专业人士靠经验判断。"第一，要知道移民局以前是否有类似案例或模型作为参照。第二，区域中心项目是否能经受住移民局的检验，比如产生的就业岗位数，如果移民局之前没有批过类似项目，那么项目风险便较大，移民局会质疑。"

胡升安说，移民局眼下对I—526的要求很高，如果移民局对区域中心的项目提出质疑，那么投资人就不太可能拿到I—526，即临时绿卡，而I—526是投资移民的第一步。因此，I—526的批准率通常要低于I—829的批准率。

胡升安解释说，"I—526未获批和投资移民项目被否定是两个不同概念。比如说，一个项目在中国推出，最后递交美国移民局审批之后项目本身被否定，I—526一个都不会获批。"如果把由于项目存在问题导致投资移民未获批准计算在内，I—526批准率会更低。

但如果投资移民项目中有一些客户获批，这种情况下，I—526能否获批要看个人具体申请情况，与文件做得好坏有直接关系，而与项目无关。

在中国国内，澳昇集团向每位投资者收取的中介服务费为10万元人民币。目前，国内流行的做法是，如果投资移民没有成功，中介费全退。

胡升安说，如果一个客户没有成功，中介公司损失也很大。"如果你的材料不能做，我们是不会受理的。比如说，我们就遇到这样的客户，他们说，我的钱全是现金，但你别问我的钱从哪里来。"

当被问及YK美国集团区域中心付给澳昇多少推介费时，胡升安并没有正面回答，"我要回去问一下股东，有些东西股东愿意让往外讲，有些不愿意让往外讲"。

第六节：前瞻第三次移民潮

2014年1月25日，中国与全球化智库和中国社科院在北京发布《国际人才蓝皮书：中国国际移民报告》。报告数据显示，截至2013年，中国海外移民累计达到934.3万人，23年间增长128.6%，成为全球第四大移民来源国，中国面临严重的"移民赤字"。

就美国投资移民而言，中国投资移民数量逐年增加。2012年，中国人通过美国投资移民获得绿卡的人数为6124，是2010年的7.9倍。美国移民局发布的数据显示，2013年颁发的投资移民签证中，中国人占四分之三以上。

包括美国投资移民在内，中国移民潮不仅卷走了中国巨额的资本和财富，同时也加剧了高学历和技术精英的外流。这种"资本＋人才"的双外流模式，给中国的发展带来严重的负面影响，尤其是"裸官"当政。业界人士将目前中国正在经历的这一移民潮称之为第三次移民潮。

与前两次中国经历的移民潮不同，第三次移民潮的移民主力是拥有巨额财富的商人和具有丰富经验的跨国企业管理人才和知识精英，移民形式以投资移民和教育移民为主。

近代以来，中国主要经历了三次移民浪潮。第一次移民浪潮发生在鸦片战争至第二次世界大战前夕，前后大约100年时间，中国迁出人口高达1000万。[①]

其间，人口迁出地主要是中国东南沿海的广东和福建，迁入地为东南亚地区。这批移民以劳工为主，既有利于减少人口相对过剩，也有利于增加侨民海外汇款，有利于中国广东和福建沿海等地财富的增加，同时客观上也促进了东南亚经济的发展。

第二次移民潮发生在中国改革开放以后，输出移民人数在400万左右，主要移民形式是家庭团聚、留学、投资移民和技术移民。尽管第二次移民潮中也有相当比例的知识分子和技术人员，有的也携带国内资本移居海外，但总体上可以看作是改革开放以后的学习成本，总体上促进了中国与海外的经贸交流，为中国的经济发展和观念的开放起到了推动作用。

尽管中国人口超过13亿，仅就投资移民所占的人数比例而言，第三次移民潮人口所占的比例并不大，但其负面效应却不可忽视。由于中国不承认双重国籍，所以一旦加入移民国国籍后，投资移民者将自动丧失中国国籍身份，他们积累的财富也会流向海外，这如同一个巨大的"黑洞"，对中国的经济发展造成的损失不可估量，其产生的社会效应也不可小视。

其实，在遏制木国财富外流方面，美国走在中国前面，有专门的法律和法规约束，尤其是在税务监管方面较为严格。罗什美国际会计事务所律师、注册会计师纪旸说，对于已经放弃美国国籍或终止长期居住权的原美籍公民，如果从2004年6月4日以后宣布放弃，适用于美国财政部的"8854税表"规定。

"8854税表"规定，截至放弃国籍日的前5个纳税年（tax year）：第一，如果申请人年收入高于某一标准；第二，如果个人净资产超过200万美元；第三，如果退出国籍前的5个纳税年未向联邦政府纳税，申请退出美国籍或终止长期居住权的申请人，在退出国籍或终止长期居住权时必须向政府纳税。

"8854税表"规定，每年年收入的纳税参照标准也不一样，例如，2004年

---

① 滕泰：警惕中国新移民潮的财富黑洞 http://www.bwchinese.com/article/1045420.html

纳税基准为年收入12.4万美元，2005年为12.7万美元，2006年13.1万美元，2007年13.6万美元，2008年13.9万美元，2009年和2010年均为14.5万美元，2011年14.7万美元，2012年15.1万美元。

通过上述数据能够看出，美国政府对退出美国国籍或长期居住权申请人制定的年收入标准逐年增加。纪旸说，美国税法的征税对象主要针对富人，查税也主要针对富人。退出美国国籍的法律程序很繁琐，其中包括需要在一名美国外交或领事官面前宣布放弃美国国籍，签署一份放弃国籍的誓词并交由国务院核准。国务院核准后出具一份证明书，最后由法院取消申请人的国籍或长期居住权。

中国相关部门也在考虑借鉴美国经验，希望能通过法律或税收等手段限制中国财富向海外流失，完善立法阻断财富流失链。纪旸说，企业层面，加大中国企业"走出去"战略实施力度，到美国发展，学习先进技术和经验，无可厚非；而在个人层面，相信中国政府会进一步完善税法实施，加强对公民纳税的监管，尤其是加大对富豪阶层的纳税监管，这有助于堵住中国财富流失的"决堤口"。

由于不少中国富豪以投资移民为手段转移资产，躲避政府部门监管。因此，业内人士建议，政府可以考虑征收高额的"移民税"，征税的目的不仅在于遏制中国财富流失，也是为了践行"先富带动后富，最终实现共同富裕"的庄严承诺。

不过，从根本上说，中国政府需要深刻反思，如何增强自身吸引力，如何将中国打造成为政治、经济和文化的高地，留住富豪和精英。对于已经移民的富豪也应顺势而为，强化故土与海外侨社，尤其是与移居海外富豪的联系，起码使移民海外的富豪在关键时刻能做到"心系祖国"，吸引精英和人才"回流"。

而这必将倒逼中国的国籍政策和国际人才政策改革，一些业内专家甚至已经提出，鉴于眼下形势，中国需要成立专门的移民局，尽快扭转"移民赤字"问题，让更多的国际人才来中国实现他们的"中国梦"。

芝加哥会议中心投资移民诈骗案的发生，给中国投资移民者提了一个醒，客观上也促进了美国投资移民行业内部的洗牌。美国政府也加大了对投资移民项目的监管力度，包括对美国证券律师而言，也是一个范例，提高了行业要求标准，要求做到尽职调查。

关于美国投资移民的未来走向，业内人士众说纷纭：受到美国经济稳步复苏影响，美国可能提高投资门槛，将50万美元提高至80万美元；也有业内人士认为，由于区域中心投资移民项目依然是"试点项目"，仍存在一定变数。

2013年全（财）年，美国共签发EB－5投资移民签证8567张，超过2012财年的7641张，其中中国投资人6124张。2011财年，美国共签发EB－5投资移民签证3463张。

2014年，美国国务院身份证办公室发布的报告显示，2014年美国共签发10692张EB-5投资移民签证，其中中国占9128张，比例高达85%。

最近一些年，申请投资移民美国在中国异常火爆，加之中介推波助澜，抓住投资移民担心政策有变的心理，"宜早不宜迟"，极力推销，使得投资移民美国俨然发展成为一个新的热门行业。在很多区域中心和中介的宣传材料上，还印有某某州长或者是议员的贺信。需要注意的是，贺信并不是担保书，区域中心也属私营性质，美国移民局不会为私人公司站台，更不会为他们的问题买单。

受历史和现实等各种因素的影响，中国人对地产和房子有一种"特殊的感情"，中国投资移民客在美国比较热衷的也往往是与地产相关的投资移民项目，原因是地产项目模式相对简单，收效也快。

2014年1月23日，密歇根州州长里克·斯奈德向联邦政府建议，请求联邦政府今后5年内单独划拨5万张针对外国专家型人才的签证，希望通过吸引外来移民复苏底特律经济，拯救这座进入破产保护程序的"汽车之城"。

这一次，美国地方政府又祭出惯用的利器——移民，不过这一次不是投资移民，而是职业移民第

底特律市政府打出的"机遇底特律"招商广告，期待外界注资，盘活底特律经济。

底特律市中心"空洞化"现象严重，图为废弃的旧房屋。

二优先类别即EB－2，以招揽优秀人才。斯奈德说，他所提的建议不需要联邦政府提供资金援助，只需要放宽移民政策和签证限制，以便能找到底特律需要的有关汽车工业、信息科技、医疗保健和生命科学等领域的优秀人才。

底特律，素有"汽车之城"的美誉，是美国汽车业摇篮。20世纪50年代，受益于当地汽车业的蓬勃发展，人口一度超过180万，如今锐减至75万左右。一度曾是美国第5大城市的底特律，债台高筑，最终走上了破产的道路。

斯奈德一直认为，移民是解决底特律问题的强有力助推器，并表示"让我们向全世界发出一个信号：密歇根、底特律，向世界敞开怀抱"。

2013年3月中旬，斯奈德任命凯文·奥尔出任底特律财政"管家"，接手底特律市财政。奥尔的临危受命最终没能挽救底特律的悲剧，而底特律也成为美国迄今为止规模最大的破产城市。

底特律默西大学经济学学者迈克尔·迪乔瓦尼说，底特律出现高额财政赤字，主要在于人口锐减导致纳税人减少，由近200万锐减至75万，而这些人还要承担老年人、公职人员的高额退休金和医疗保险支出，入不敷出问题严重。

他认为，中国经济之所以发展如此之快，主要原因是中国储蓄率高，政府可以用储蓄投资带动经济发展。中国的老年人和退休职工也需要大笔养老金和医疗费，但大多中国家庭只有一个孩子：一个人口相对较小的群体支撑一个庞大的退休群体，将是一件很困难的事，如此看来，底特律的教训也值得中国借鉴。

山雨欲来风满楼，底特律的"一美元房"频现国内报端，甚嚣尘上，2013年的资本市场"主角"——中国大妈们踊跃报名，蠢蠢欲动准备组团，抄底底特律房产。为一探究竟，2013年3月26日至28日，我们从芝加哥驱车前往底特律。

走进底特律市区居民区，可以明显感觉到，底特律市政府向民众提供的公共服务已经锐减：如城市照明设施缺失，道路失修，警察、救护车和消防部门应对突发事件的速度较之前明显下降。即便同属一个社区，临近傍晚，一些道路的照明设施因年久失修而不起作用。如今，居住在底特律城区80%的居民是非洲裔美国人，当地的失业率和犯罪率均高于全国平均水平。

由于人口锐减，居民区的一些房屋闲置失修，甚至倒

通往昔日汽车之城底特律的75号州际公路（I–75）。

塌，城市"空心化"现象严重。于是，便出现了标价为"1美元"的"一元房"（Dollar House），甚至还有一些无人认领的房屋。不过，"一元房"标价的背后可大有文章，中国大妈抄底也需谨慎。

马科姆县郊区城镇圣克莱尔肖尔斯位于底特律市城区东北20公里处。当地的房地产经纪公司RE／MAX职员艾伯特·哈基姆说，"一元房"并不是新事物，3年前他们就卖过，几天前就有3个中国人从纽约来看房，"他们对所有的东西（房产）感兴趣"。

在美国购买房产，买房费用包括预缴税费、保险和市政评估费，购买"一元房"的实际费用在700美元至2000美元之间。哈基姆说，上星期他们公司就售出一套"一元房"，总共花费大约1400美元。

与中国相比，美国房产的持有成本相当高，购房者每年需向政府纳税，纳税标准参照当地政府对房屋的评估价。如果不能按时缴税，房产可能被政府收回。哈基姆举例说，虽然一套房子现在的售价是1美元，但政府对它的估价可能是3年前的价值，即大约6万美元，因此纳税基数为6万美元。

根据调查，密歇根州下属各郡县年度房产税率不同，同一郡县不同学区的税率也不等。另外，房产税不是一成不变，也会根据时间调整。以一套位于韦恩县普赖尔大街、建于1905年、占地1299平方英尺（合121平方米）的自住型

"一元房"为例，如果当地政府对其估价为6万美元，按当地目前6.819%的房产税计算，购房者每年应缴纳的房产税为4091美元。

幸运的是，经过一些业界良心媒体和业内人士的专业分析之后，中国大妈们的理智战胜了冲动，没有蜂拥而至底特律，只剩下一个破败的底特律依旧蜷缩在那里苟延残喘……

不过，在距离纽约市不到两小时车程的沙利文县的汤普森和马马卡廷镇，美国一家名为"美国中国城"（China City of America）的房地产开发公司推出一个以中国城为主题的开发计划，项目尚未正式实施，便招致了当地居民的强烈反对。

这一项目计划总投资60亿美元，计划建设一座以中国为主题的融文化、商业和娱乐为一体的游乐园，占地大约2200英亩，其中包括一些森林和废弃的农田。"美国中国城"的定位是中国传统的展示窗口，也希望通过展示中国传统吸引中国投资移民注资。

汤普森镇民众对这一项目的反应极为强烈，愤怒不满，大多数人表示简直不敢相信，"这是真的吗"？"美国中国城"的项目细节2011年年底在网站上首次公布。直至2013年5月，这一项目依然在汤普森镇政府的研讨过程之中。

马马卡廷镇的居民对这一项目的反对态度也很强烈，迫使"美国中国城"项目加以调整，而计划在汤普森镇的项目只能首先开始建设一所大学、宿舍和教职工住房，占地大约575英亩。不过"美国中国城"首席执行官谢里·李接受当地媒体采访时表示，不会缩减项目的规模，正在按部就班地推进。

谢里·李说，计划建设的大学为"汤普森教育中心"，一开始计划招收900名学生，课程将以商业、艺术和娱乐专业为主。随着规模的扩大，招生规模将增至3000名，其中包括很多来自中国的留学生。项目第二阶段将包括建设客房和一座会议中心。

这一项目中，第一阶段计划筹集1.5亿美元，其中6000万美元将来自于120个EB—5投资移民家庭，另外3000万美元来自于私募基金投资，另有6000万美元贷款。当地的环保人士担忧，项目的实施将破坏这一地区的湿地，纽约州的环保机构也密切关注项目进展。

2012年12月，总部位于华盛顿的智库"移民研究中心"刊文指责这一项目以及其通过EB—5投资移民的融资方式，甚至猜测项目方可能获得了中国政府的资助。"移民研究中心"向来立场比较保守，主张美国政府收紧移民政策，严格限制外来移民。

谢里·李不得不出面辟谣，表示这一项目没有得到中国政府的任何资助。

一个是"破败之城"的底特律，一个是"世界大都市"的纽约郊区，同样是移民项目，官方和民众的态度反差却很大：一边是苦口婆心，一边是极力反对……这说明了什么？在决定投资移民美国之前，你是否真的准备好了？

第三章　非法移民：纽约华埠华裔非法移民纪实

——你在他乡还好吗？

不少华裔非法移民，生活在美国社会阴暗的角落里，缺乏向社会上层流动的渠道，但他们也在支持着华埠社区的发展，他们的名字也叫纽约客，他们也在书写着国际化大都市纽约的历史和未来……但是，纽约欠他们一份公道。

由此看来，美国移民的事并不仅仅是"他们"美国人的事，也是"我们"中国人的事，而关于非法移民，移民改革法案必须要解决的问题是：对于已在美国国内的非法移民，要给他们一条出路，至于是一条通向公民的道路，还是一条通向合法化的道路，需要民主和共和两党在自由和保守之间有所取舍，需要在人道和法律之间找到平衡。

2007年4月7日，在美国西部城市洛杉矶，游行队伍挥舞旗帜和标语经过市中心的百老汇大街。当天，上万人聚集在美国加利福尼亚州洛杉矶市中心参加示威游行，要求非法移民合法化。（新华社记者 戚恒 摄）

2012年12月，我到纽约出差，特意到访位于曼哈顿下城的华埠，了却心中许久的一个愿望。曼哈顿华埠，原本是初到美国的华人落脚之地，随着一批批移民的不断涌入，不断变化，在吸纳新人，也在倾诉过往，更在见证着无数个华人"美国梦"的幻灭与成真。

与黄云秀（黄先生）的相识，要从一部华人移民题材纪录片开始。这部纪录片的名字是《你的白天是我的黑夜》，具有专业表演素养的黄先生参与其中，在纽约曼哈顿华埠圈里赚足了名气。

黄先生，福建福州人，生活在纽约曼哈顿的中国城，白天经营一家花店，晚上担任婚礼司仪，有时也在歌舞厅唱歌谋生。离家20多年，黄先生最大的愿望是能在父亲的弥留之际，回一趟福州老家送父亲一程……

美国纽约时报广场——"世界的十字路口"。

卢德泉（人称老卢），福建长乐人，跟黄先生一样，经历了致命的海上穿越，偷渡到美国，从中餐馆打杂干起，再到后来为中餐馆送外卖，也在美国已经生活了20年多年，苦等身份无果，面对警察的盘问毫不畏惧，"Fuck American lawyer, pay too much money, nothing for me"（去他妈的美国律师，我花了那么多钱，什么都没得到）。

2013年年底，纽约禁骑电动车法案正式实施。为了能继续骑电动车送外卖，老卢和工友组织成立了维权组织——华人互助联盟工会，与纽约警察的不公平执法抗争，捍卫自己和工友生存的权利。

黄先生和老卢共同生活的地方在中国城，也被称之为华埠，位于纽约曼哈顿下城。外人称他们为非法移民，但黄先生和老卢从来都不能接受这一称谓。本章讲述的是生活在美国社会"阴暗角落"里的华裔非法移民的故事。

与黄先生和老卢一样，不少华裔非法移民，生活在美国社会阴暗的角落里，缺乏向社会上层流动的渠道，但他们也在支持着华埠社区的发展，他们的名字也叫纽约客，他们也在书写着国际化大都市纽约的历史和未来……

但是，纽约欠他们一份公道。

由此看来，美国移民的事并不仅仅是"他们"美国人的事，也是"我们"中国人的事，而关于非法移民，移民改革法案必须要解决的问题是：对于已在美国国内的非法移民，要给他们一条出路，至于是一条通向公民的道路，还是一条通向合法化的道路，需要民主和共和两党在自由和保守之间有所取舍，需要在人道和法律之间找到平衡。

第一节：致命的穿越

"他们（蛇头）组织我们乘快艇从加拿大出发，从湖上先到达纽约州的水牛城（Buffalo City），然后再辗转到纽约市，但一踏上美国国土，就被警察逮了起来，警察给我们一张纸，好像是要我们几月几号去上庭的意思。"

"布法罗"的意思是水牛，因此一些旅美华人也将布法罗（Buffalo City）称为水牛城。水牛城位于美国纽约州西部伊利湖东岸，是一座港口城市，与加拿大伊利堡隔尼亚加拉河相望。时隔20年，回忆起当年偷渡来美国的经历，黄先生历历在日，心有余悸。

1995年7月24日，几经周折，黄先生来到了位于纽约曼哈顿的中国城。

在此前大约4个月中，黄先生所在的"旅游团"一行约20人，先后辗转10多个国家。每人手提一个行李箱，扮成旅游团，从中国福建省福州市出发，前后经过中国香港、柬埔寨、英国、巴西、法国……加拿大，最后到达美国纽约水牛城。

"这个（国家的）机场进不去，住几天，又转到那个机场，那个机场也进不去，再转到其他国家，再住几天，最后从法国到加拿大，最后进入美国。"

黄先生前后共支付给蛇头大约3万美金，包括护照、机票、吃饭和住宿等花销。"吃得不好，很一般，住的地方也不好，就住在一个楼房里，床垫丢在地上，打地铺"，黄先生记忆犹新。

20多年前，从中国福建偷渡到美国，前后只需大约3万美金。如今，偷渡方式多样化，难度也增加了，偷渡费也"水涨船高"。"我隔壁的小伙子，前几天（2014年2月）刚从福建（偷渡）过来，花了9.5万美金，现在到外州（纽约以外的州）去了，坐大巴车到中餐馆打工。"

"我想跟他聊，但他不跟我们聊，怎么过来的大家心里都明白，但这个话题都比较避讳，不太愿意谈"。当我向黄先生询问室友的具体偷渡细节时，黄先生如是说。来美国之前，黄先生原本是福建省实验闽剧团的一名武生，在那里当了16年的演员。

1992年，黄先生决定单干，在福州开了一家舞厅，取名"86歌舞厅"。歌舞厅的生意很不错，收入相当可观。1995年来美国时，黄先生39岁，在几位好朋友的"煽动"下，最终决定把歌舞厅盘了出去来到美国淘金。

上世纪80年代，不少从美国归来的福州人回乡探亲。他们回国后出手阔绰，住高档酒店，大办酒席，请戏班唱戏，建豪宅，修祖坟，攀比之风甚嚣尘上。当地庄稼汉们原本安分守己的心被撩拨起来，即便是在福州有着不错收入的黄先生也没有抵挡住这种诱惑。

"（听到这样的消息）我的耳朵仿佛一下子竖了起来，美国就像是遍地黄金等着你来拿。结果来了之后才发现，这边打工很累，在餐馆打工可能一天要工作14个到16个小时。"

"只知道钱赚得多，但当时根本想象不到这种辛苦，我也一样，结果来到这边以后发现，什么都不会。" 黄先生说，福州人当年偷渡美国蔚然成风，感觉很风光，整个家族在当地的社会地位也会提高，用一句不太恰当的话比喻就是，"一人偷渡，全家光荣"。

黄先生告诉我，上世纪90年代的福州，偷渡是一门生意，蛇头遍地，有时你根本不用找蛇头，蛇头会主动找上门，各种诱惑、拉拢、劝说，直至你心动，"即便是现在，在福州找蛇头，也很容易"。

黄先生说，帮助他偷渡的蛇头代号为"风声"。蛇头通常隐藏在幕后，不轻易露面，具体带人跑路的是蛇头手下的"马仔"。"他们有一条流水线，每到一个国家，马仔就会把我们交接给另外一个马仔，最终带到目的地。"

通常情况下，蛇头要求偷渡客离开中国前找到一个担保人，愿意提供偷渡费用担保，并预付一定比例的定金。否则，蛇头不会轻易答应帮助你偷渡。

黄先生说，"我当时也找了担保人。通常，钱还给蛇头，偷渡客交给你。不然，人在蛇头手上扣着，不会放你出去。"1995年，黄先生刚从水牛城上岸就被警察抓了起来，手抱头蹲在地上，蛇头根本没有机会把他扣住。

据黄先生回忆，当时有一名加拿大人陪同他们一起乘坐快艇，不过后来，这个人跟警察交涉了一番，走掉了，只剩下他和另外一名同行的女偷渡客被美国警察扣留。

因为语言不通，黄先生至今也不知道那名加拿大人跟警察说了什么，也不清楚他的身份。"他跟警察讲了一通，后来走掉了，我们也不懂英文，不知道他们讲什么，也不知道他是不是'马仔'，为什么警察能放他走。"

原本20多人同行的 "旅游团"，只有他们两人最幸运，最先登陆美国，其他人在入境加拿大的时候便被警察扣下了。黄先生说，"马仔"把他们的护照交给了加拿大警方。加拿大警方要求他们随后上庭，然后才把他们全部释放了。

"马仔"随后又组织他们继续赶路，从加拿大偷渡美国。

通常情况，在支付定金和找到担保人以后，蛇头和偷渡者会签署一份合同，明确规定如果偷渡客抵达目的地之后，蛇头可以把偷渡客扣作人质，直至付清偷渡费。合同签订之后，偷渡客便会等候蛇头消息，等待证件等手续办妥之后，即可启程。

黄先生说，他的担保人在福州比较有名望，有足够的经济偿还能力，蛇头并没有要求他签合同。签署合同主要是针对想偷渡的福建农村村民，他们的经济偿还能力较弱，提前支付的定金一般在5000至1万美金左右。

"我们很讲信用，一到美国后，便打电话给家里，把剩下的钱付给蛇头。如果不付钱，给我担保的人就会遇上麻烦，人家帮我担保，我却跑掉了，那怎么办？我还有家人在福建，一般偷渡客都会付钱。"

1993年6月6日凌晨2时左右，一弯冷月映照着一艘搁浅的货轮。在海浪的拍打声中，一拨一拨的人影跳入刺骨的海水中，向灯光灿烂的岸边拼命游去。此时，正在巡逻的海岸警卫队发现海上黑压压的人头，一度恐慌，甚至以为是美国本土遭遇外国军队突袭。

幸运的人，游到了岸边，不幸的人，葬身于大海。其他人都被海岸警卫队逮捕，等待进一步处置。天亮以后，人们发现这艘货轮上写着"金色冒险号"。

"金色冒险号"满载286名中国偷渡客，在海上航行4个月之后，抵达美国纽约皇后区外海。按照蛇头原定的计划，"金色冒险号"抵达纽约后，负责在纽约的接头人应驾驶快艇前去接头，将偷渡客分批载上岸。

不料，负责前去接应的人在帮派仇杀中死亡。"金色冒险号"在纽约外的公海上苦等两周，水尽粮绝。蛇头只能铤而走险，让货轮驶入皇后区的近海，让偷渡者跳海抢滩，游泳上岸，不料却酿成一场悲剧。不过，也有报道说，出事那天晚上，有人发现船漏水了。眼前只有死路一条，无奈之下，偷渡的人（也称"人蛇"）发生了"暴动"。有人逼船长靠岸，有人抱棉被上甲板，在甲板上点燃，希望能被人发现，那些自认为水性较好的"人蛇"便跳下船，试图游上岸。黄先生的偷渡则发生在震惊美国的金色冒险号事件之后。

在美国的华裔非法移民大致可以分为两类：一类是以读书、进修或者是商务考察等名义进入美国，然后滞留不归；另一类是偷渡，具体线路取决于蛇头的安排。早在"金色冒险号"事件之前，搭乘货轮，通过海上路线偷渡美国就被蛇头所熟知。

黄先生的朋友、福建老乡老卢便是其中的一位。

老卢，1992年偷渡美国时30多岁，现在在纽约曼哈顿中国城帮中餐馆做"外卖郎"。2014年年初，老卢和工友成立了一家华人维权组织——华人互助联盟工会，老卢任主席。

通过黄先生的介绍，2014年2月10日，我拨通了老卢的手机。几次联系老卢，他一直不得闲，采访一推再推，最后拖到了晚上10点。

2013年，芝加哥的冬天冷且长，气温低至六十年来的低点，一度降至零下27摄氏度。纽约也好不到哪儿去。晚上10点钟，老卢手头还有外卖要送。因为是朋友介绍不好推辞，他一边送外卖，一边接听我的电话。听筒那边传来老卢气喘吁吁的声音，急剧的咳嗽还时不时打断他的讲话。

来美国20多年了，老卢依然没有合法身份，在中国城靠骑电动车送外卖维生。不难想象，异国他乡的打拼，已经让一个30多岁的小伙子变成了两鬓斑白的老头儿，不幸的是，至今没能再回福建老家看一眼老婆和孩子。

老卢说，当年他也是通过蛇头安排，坐船从长乐来到纽约的，"我当时先坐渔船从福州出发，到台湾，换成大船，然后一直到美国"，急促的咳嗽几次打断了他的话。

从台湾到美国，坐船花了两个月，后来老卢在美国的监狱里被关了大半年。1992年，当他们的偷渡船到达美国西海岸洛杉矶外海时，船上能够吃的东西已经全部吃光了。

因为洛杉矶海上巡逻警查得太紧，原本要来接应的蛇头不敢露面。他们当时几乎饿死，最后实在熬不过，只好报警自首。

老卢回忆说，报警不久，美国海岸警卫队乘直升机和快艇很快将他们包围，"就像美国大片一样"，把他们解救之后又把他们扣押了起来。老卢说，他们一起偷渡的有100多名福建人，被关在洛杉矶的一家监狱。

后来，他在洛杉矶出庭受审，交了1万多美元被保释出来。获释以后，老卢从洛杉矶辗转来到了曼哈顿中国城。包括保释金在内，老卢来美国前后一共花了近3万美元。

黄先生和老卢或许还是幸运的，虽历经九死一生，最终还是到达了目的地——美国。偷渡客在途中还会遭蛇头虐待、挨打、强奸，甚至还会被蛇头倒卖给其他蛇头，途中又遭蛇头抛弃，迷路死亡的情形也很多。

美国与墨西哥边境原本是墨西哥非法移民的偷渡通道。如今，从这里穿越的华裔非法移民也越来越多。因此，近年来美墨边境的求救信标还专门增添了带汉语翻译的警示牌。2010年1月22日，《纽约时报》刊文报道，美国和墨西哥边境的索诺兰沙漠（Sonoran Desert）原本是墨西哥非法移民进入美国的惯用走廊。如今，中国蛇头瞄上了这一通道，帮助中国籍非法移民从墨西哥境内穿越索诺兰沙漠进入美国的亚利桑那州。

亚利桑那州图森市边防巡逻队统计数据显示，2008年第四季度到2009年第三季度，试图通过这一通道进入亚利桑那州、被逮捕的中国非法移民人数从2008年的30人，增加到2009年的332人，增长了十倍有余。2009年10月1日至12月31日，通过这一渠道偷渡被逮捕的中国非法移民数量便达到281人。①

美国入境和海关执法局发言人文森特·皮卡德说，由于从中国到美国的偷渡路线长并且复杂，中国偷渡客支付的钱远远超过其他国家的偷渡客，"我们认为，中国有组织的犯罪集团与墨西哥偷渡组织之间存在协作关系"。

皮卡德介绍说，传统的偷渡方法是，中国人口走私集团把偷渡客装进集装箱，然后运抵美国港口。随着美国打击偷渡执法力度的增强，使用集装箱偷渡的方式逐渐减少。目前，一条比较惯用的通道是，偷渡客先乘飞机从中国北京到意大利罗马，然后到委内瑞拉首都加拉加斯，随后转机到墨西哥城，最后往北穿越美国和墨西哥边境，进而入境美国。

亚利桑那州图森地区原本是美国边防巡逻队打击非法移民的主战场，随着从美墨边境进入美国得克萨斯州非法移民数量的增加，这一主战场也从图森地区转移至里奥格兰德谷（Rio Grande Valley）地区。

里奥格兰德谷地区位于得克萨斯最南端，下辖4个县，位于里奥格兰德河岸以北，里奥格兰德河则是美国和墨西哥两国的界河，也是北美洲第五长河，非法移民穿过里奥格兰德河便可抵达美国境内。根据美国人口普查局的数据，截至2012年1月1日，里奥格兰德谷地区的人口大约为130万。

2013年11月15日，美国福克斯电视台报道，最近几年，试图通过美墨边境

---

① In Arizona, a Stream of Illegal Immigrants From China　http://www.nytimes.com/2010/01/23/us/23smuggle.html

2013年3月29日，得克萨斯州法尔菲里厄斯，一名边防巡逻队员从求救信标旁走过。（路透社／埃里克·塞耶拍摄）

进入美国的中国非法移民数量增多。由于中国偷渡客数量可观，美国联邦政府在美墨边境的求救信标增加中文警示："如果您需要帮助，按红色按钮。帮助的人将抵达这里，不要离开这里"。

福克斯电视台援引得克萨斯州边境巡逻队的数据报道，2012年，大约有500名中国非法移民遭扣留。截至2010年9月的一年内，已有1157名中国非法移民被扣留。

美国国土安全部统计数据显示，2006年至2010年，边境巡逻队拘捕的非法移民中，讲西班牙语的拉美裔所占比例超过95%，来自中国的非法移民所占比例不到0.3%。

尽管如此，里奥格兰德谷边境巡逻队队长丹尼尔·米利安说，中国非法移民仍是当地试图非法入境美国的第二大群体。

得克萨斯农工大学教授杜德利·波斯顿估计，每位中国偷渡客向蛇头支付大约5万至6万美金，才能偷渡到美国。目前，美国境内的中国非法移民数量为25万左右，未来5至10年，中国非法移民的数量或将继续增加。

2013年5月15日，路透社刊文报道，通过里奥格兰德谷偷渡死亡的非法移民人数在增加，而通过亚利桑那州非法入境的非法移民死亡人数减少。通常而言，后者的在案死亡人数应高于前者。

里奥格兰德谷边防巡逻队发言人恩里克·门迪奥拉说，2012年10月1日至

2013年5月15日，里奥格兰德谷边境巡逻队记录在案的非法移民死亡78人，出警救援357次，而此前一年的相同时间段，死亡42人，出警救援137次。

亚利桑那州非法移民人权组织"人权联盟"提供的数据显示，2009至2010财年，亚利桑那州记录在案的非法移民死亡253人。2012年10月1日至2013年5月15日，记录在案的非法移民死亡人数仅有77人。

门迪奥拉说，非法移民在穿越奥格兰德谷时很容易迷路，而在亚利桑那州，偷渡者可以借助高山和其他天然路标，道路相对容易走一些，而这也是通过奥格兰德谷偷渡死亡的非法移民人数增加的原因。

除非法移民外，美墨边境的毒品走私也非常猖獗，让美国边防巡逻队非常头疼，其中也不乏一些华裔非法移民参与。有些情形下，蛇头让偷渡客帮助他们带毒品进入美国，可冲抵部分偷渡费用。

黄先生告诉我，蛇头当年对他们承诺，如果偷渡美国不成功会返还定金，但并没有告诉他们偷渡将是一次艰难涉险的旅程，更没有料想到这会是一次近乎致命的穿越，让人如此刻骨铭心。

当然，老卢也不例外。

不过，纵然穿越百般刻骨铭心，抵达纽约曼哈顿唐人街的黄先生和老卢，怀揣着纯真的梦想，一直在心里盘算着，用不了几年，等赚足了钱就能回到福建老家，建豪宅、修祖坟、扬眉吐气、光宗耀祖……

不过，这一等，便是20多年。

第二节：你的白天是我的黑夜

1995年7月24日，这是黄先生踏入曼哈顿中国城的第一天。

黄先生在福建实验闽剧团当演员后曾在福建音乐学院进修过两年，有一定的音乐功底。在一位好朋友的介绍下，黄先生还没有落下脚便跑到酒楼去唱歌，一口气跑了两场。黄先生回忆说："我当时行李还没有放下，就带着行李到酒楼去唱歌了，一晚上赚了150美金。"

接过"滚烫的"150美金，黄先生非常兴奋，跟朋友回了家，打算第二天开始找房子。

纽约曼哈顿中国城街景一瞥

　　黄先生说，到纽约的第一个晚上，懵懵懂懂，偷渡途中一路胆战心惊，奔波劳累，到朋友家就像是抵达了一座安全的避风港，心想终于可以松一口气了，就给家里打了一个电话报平安。

　　朋友的住处也不宽裕，没有多余的床铺，初到纽约的黄先生只能蜷缩着睡在他们家的一个壁橱里。壁橱很窄，大概只有肩膀宽。黄先生的块头很大，蜷缩在里面，动弹不得。捧着绿油油的美金，实在是太兴奋了，迷迷糊糊却又难以入睡。就是这样一个肩膀宽的壁橱，黄先生一睡就是3个多月，直到自己找到落脚的地方。

　　第二天，黄先生从腰酸背痛中挣扎着爬起来讨生活。一开始，黄先生在朋友经营的位于东百老汇大街的花店打工。老板对他相当不错，但老板娘对他吆三喝四，待人刻薄，初到纽约的黄先生完全不适应，"我们在大陆都是当老板的，算是老大，到这边却变成了打工仔"。

　　黄先生说，没到美国之前，朋友告诉他美国不错，每年能赚4万美金，"心想不错，然后就来了，但来了以后才发现，情况完全不一样了，一下子变成马仔了，当马仔不要紧，还要被别人吆三喝四的，所以我就不干了"。

忍气吞声3个月，黄先生与另外的朋友合作开了一家花店，取名"如意花铺"。

"我原先打工的老板人很好，跟我是哥们，他背着老板娘偷偷拿出3000美金给我，帮助我开了一家鲜花店。老板对我说，你拿去用吧。既然你们（黄先生和老板娘）合不来，那你就自己干吧"，黄先生说，至今那家花店老板仍是他的至交。

因为花店不大，黄先生没有请其他人帮忙，里里外外只有他和他的合伙人打理。除了经营花店外，黄先生还在中国城担任婚礼司仪，凭借自己的唱功，在婚宴上为新人献唱赚取小费生活。

"婚礼司仪、唱歌、布置舞台啊，这些我都干。"

刚来中国城不久，第一次坐地铁，地铁上突然响起一阵广播。其他乘客满脸惊愕，迅速往外走，黄先生根本听不懂英文，不知道发生了什么，只能随着人群往外撤，从地铁站出来之后就迷了路，心中的恐慌久久不能平静。自那以后，黄先生再也没有乘坐过纽约的地铁，此后的近20年再也没有走出中国城。

黄先生说，他一直在中国城做生意，"我们赚的都是中国人的钱"。他说的是实情，至今中国城的不少华人也是靠赚取中国人的钱过活，也有人后悔当初选择来美国。

当地华人举办婚礼时会请他们去，黄先生既能担任司仪，又能唱歌。如果婚礼举办方需要有人跳舞助兴，黄先生就会请会跳舞的朋友帮忙。时间长了，他们有了一支自己的"婚庆队伍"，可以提供婚庆一条龙服务。

"你今天晚上办婚礼，请我唱歌，唱完歌，你包一个红包给我，100块（美金），就是这样"，黄先生说，客户一般也不要发票。按照福建当地风俗，婚礼一般在晚上举行，要请司仪，请歌星唱歌跳舞，营造气氛。

由于婚礼基本上在晚上举办，黄先生也只能晚上工作，白天休息，过着黑白颠倒的生活，用他的话说："你的白天是我的黑夜"。

黄先生说，如果婚礼举办方既租赁他花店的花，又请他担任司仪、唱歌跳舞包含在内，一般会给他们包一个700或800美金的红包。以前，红包能超过1000美金，但现在中国城的婚庆公司比较多，竞争越来越激烈，小费也相应减少了。

在中国城这样一个小地方，大大小小的婚庆公司有20多家，如果婚礼举办方只请他唱歌，小费一般只有100美金。如果请他担任司仪主持婚礼，小费一般是120美金，唱歌会额外增加100美金。

结婚旺季，黄先生大概每月能赚到1000至2000美金。如果是淡季，只能赚到几百美金，甚至不够支付房租。曾经很长一段时间，不管每月赚多赚少，黄先生都尽量节省开支，希望存下更多的钱寄回老家，只留一小部分维持生活基本开销。

来美国之前，黄先生和妻子离异，他们在福建育有两个儿子，大儿子30多岁了。当年，小儿子刚能扶着墙走路，黄先生便来到了美国。如今小儿子也已经在福建读大学。

来到美国的黄先生一直竭尽全力，在经济上支援两个儿子。

不过，大儿子不太争气，染上了赌博的恶习，把名下的两套房产都败光了。大儿子用父亲寄来的钱购买了一套新房，加上黄先生来美之前自己单位分的一套住房，大儿子名下一共有两套住房，但原本相当滋润的日子彻底毁了。

提起大儿子，黄先生言辞中透着无奈和愤怒。"现在，我基本上不跟大儿子来往了，我在美国辛苦打拼，赚的都是血汗钱，寄给你买房，你却给我挥霍掉了，房子卖掉之后我才知道这些事。"

令他欣慰的是，小儿子还比较有出息，经常替黄先生去看年过八旬的爷爷。黄先生的父亲在当地一家养老院里养老，因糖尿病视力越来越差，一直盼望着儿子有一天能回家。

黄先生回忆说，他离家那年，父亲亲自送他到机场，原打算去美国几年，赚到钱就回家团聚。"父亲当时根本没有一丝伤感，如今这一去就是19年。"

"老爷子现在有些迷迷糊糊的。有一次我给他打电话，我说，爸，我是你儿子。"

"他说，儿子是谁？"

"我说我是你儿子，现在在美国。"

"他说，你在美国认识（阿包弟）吗？"

阿包弟是黄先生的乳名，神经错乱的父亲，脑子里依然惦念着远在他乡的儿子，即便躺在病榻上，嘴里一直念叨着"阿包弟"。

说到这里，黄先生哽咽了很久……

他对我说，今生最大的愿望就是能再回福建老家看望一下老父亲，尽一下孝心，在父亲去世的时候送他一程。

一个看似平常的小小心愿，对现在的黄先生来说，却又是那么遥不可及。

几年前，黄先生还通过视频，见过一次年迈的父亲。现在，每逢寒暑假，小儿子都会去养老院看望爷爷，也会打电话告诉黄先生爷爷的身体状况。经过几年的辛苦打拼，黄先生终于可以在中国城租一个完全属于自己

纽约中国城的华裔流动食品小贩

的房间，月租530块美元。尽管只有8平米，黄先生却由此有了一份归宿感。

为了能有一间完全属于自己的房间，不再跟别人合住，黄先生付出了艰辛的劳动。有时候，明知有的顾客会比较吝啬，给的小费不会很多，黄先生也会硬着头皮把活儿接下来。甚至有时候，黄先生一晚上连跑4场，唱完之后，嗓子哑得连一句话都说不出来。

与黄先生合租的还有另外3户，黄先生住的这一间属于这栋房里的最大一间。旁边一间更小，但挤着4个人，上下铺，都没有合法身份，并且都是单身，从事装修行业，每天起早贪黑打"黑工"，除了做晚饭的时候能碰上几面，其他时候见面机会很少。

黄先生说，他们的居住条件在曼哈顿中国城还算不错的，"（中国城）最拥挤的一个房间住十几二十个人，有的甚至架上三层床，（上下铺）头探出来看起来跟鸡窝一样。"

背井离乡的中国人大多怀有强烈的"同乡"观念，平时也会互相帮忙，在纽约华人职工会（Chinese Staff and Workers' Association）里，黄先生认识了老卢。两人因比较谈得来成了朋友，有空还能小聚一下。

老卢，来美国之前是一位地地道道的农民。1992年，老卢从洛杉矶获释到纽约以后，先在中餐馆打杂，这是老卢来美之后从事的第一份工作。因为没有社会安全号（SSN）和工作许可，到中餐馆打黑工，通常是来美华裔非法移民从事的第一份工作。

"我一开始只能在中餐馆打杂，餐馆有大厨、炒锅（等工种），老板包吃包住，一个月700块美金"，老卢说。

在中餐馆打杂很辛苦，但老卢一干就是十多年。"打杂的时候，没有钱租房子，吃住都在老板的餐馆，几乎没有休息，常常每天工作10多个小时，周末更忙，最多一天16个小时的时候都做过"，老卢说。

"不过，现在好些了，每天工作8个小时。"前后十多年，老卢都在中餐馆打杂，但前后换过好几家餐馆，"哪里给钱多，就往哪里跑，后来最多的时候，老板给2000多（美金），一开始，老板才给700块，做了两三年。"

"1400块干了两三年，1600干了一年多，1800干了两年，2000多、2100、2200都做过"，老卢说。再到后来，听朋友说送外卖不错，除了中餐馆的固定时薪外，还能额外收到小费。于是，老卢便从打杂转为送外卖，成为一名外卖郎，这一送又是十多年。

现在，老卢固定给一家中餐馆送外卖，每天的工作从送晚餐开始，晚上6点半至11点，4个半小时，老板每月给的固定工资1100美元，包一顿晚餐。在此之前，老卢也干过打散工的日子，给好几家餐馆送外卖，打散工有时候虽然钱多，但是不固定，缺乏安全感。

除固定工资外，送外卖还可以拿到小费。"最重要的是小费，加起来一月能赚到两三千"，老卢说。

2014年年初，老卢和一些工友成立了华人维权组织——华人互助联盟工会。老卢被推举为华人互助联盟工会筹备委员会主席。白天，老卢在工会，帮助会员解决生活中遇到的难题，晚上骑着电动自行车送外卖。

2013年4月25日，纽约市议会通过了一项针对电动自行车的禁令，规定任何人不得驾驶、出售或者出租电动自行车、电动摩托车，违者将被处以500至1000美元不等的罚款。禁令于2013年11月11日正式实施。

禁令实施以来，纽约市的警察严抓违规者，其中受波及最大的便是中餐馆的外卖郎。老卢说，外卖郎频吃罚单，现在的外卖都是电脑下单，一单外卖有时候要跑出几十个街区，不骑电动车根本完成不了，尤其是他这样50多岁的外卖郎，禁止骑电动车将导致他们失业。

"老板要你快，客人又追单，还要躲避警察，送一份外卖太难了。"

在纽约工作的不少外卖郎都是没有合法身份的人。

老卢说，很多吃到罚单的外卖郎会向华人互助联盟工会求助，希望通过工会帮助解决问题。"一些（华人互助联盟工会）会员语言不通，也不知道到哪里上庭，吃了罚单跟警察也说不清楚。"

中国城的外卖郎，不少人跟老卢一样，即便在中国的时候也根本没有读过书，中文都说不好，更不用提英文。来到纽约之后，老卢说，他原先在华人职工会的时候学过几句简单的英文，在警察盘问的时候勉强可以应付一下。

"现在，一些工友找到我们，我们帮他们找人看罚单，上诉，带他们上法庭，办理会员入会，他们有的国语（中文）都讲不清楚，现在白天就忙这些事情，晚上出去送外卖。"尽管纽约警察查得紧，但不少外卖郎为了养家糊口依然铤而走险，也有一些外卖郎无奈停工。

2013年12月24日下午，美国华人互助联盟工会筹备委员会在曼哈顿中国城东百老汇35号1楼成立。华人互助联盟工会成立的宗旨是"团结社区民众，互助互利，公平公正"，为工友争取权益，抗议不公平的法案和规定，由老卢担任筹备委员会主席。

老卢说，很多工友希望他带头反对已经执行的禁止电动车法案，他之前也组织过一些工友抗议，向纽约市议员陈倩雯写请愿书，呼吁取消禁令，保护外卖郎的合法权益，"现在工会有10个理事，还有一些义工"。

"外卖郎辛苦一个月才能赚2000块左右，还要养家，一张罚单500块美金，根本受不了，不少送外卖的已经罢工了。有的工友没有身份，电动车被警察扣留以后，根本不敢去要，希望工会能替他们出面"，老卢说。

如果加入华人互助联盟工会，他们会给工友办理一张工会身份证明

纽约唐人街的双语标识街道

（ID），警察一般会先将外卖郎放行，但还是会开具罚单。

每天，数以千计的外卖郎穿梭于纽约的各个街区。由于中餐的走俏，送外卖工作辛苦，收入低但风险高，没有合法身份的华人成为外卖郎的主力军。尤其是在冬天，纽约气温低，外卖盒里的饭菜在寒风中很容易变凉。外卖郎为了能拿到小费只能争分夺秒，被称为"车轮上的洗碗工"。

为了抢时间，看到红灯，有的外卖郎根本不停直接闯过去，极易引发交通事故。因此，外卖郎招致不少纽约市民反对，此外，他们也经常因为乱停车而遭到投诉。

2002年，老卢刚从打杂转行送外卖不久，对中国城的路不太熟悉，有时等找到顾客地址，顾客却说等候时间太长，外卖不要了。不用提小费，连饭钱都拿不到的情形也遇到过。有一次，老卢冒着大雪跑了几十个街区，碰到的顾客非常吝啬，只给了他1美元小费。

如果路近，一天能送上百单，如果路远，能送30至50单。一般顾客会给餐费的10%当小费，比较慷慨的给15%至20%，但那一单外卖，老卢只收到1美元小费，那也是老卢来美国十多年后第一次流泪，"接过那1美元的小费，我转过身，眼泪哗地一下子流了下来"。

纽约市电动自行车禁令实施已有一段时间。明明知道骑电动车违法，但就像老卢一样，不少外卖郎迫于生计，还是照骑不误，"如果遇到刮风下雨，骑自行车送外卖根本跑不动，赚不了钱"。老卢说。

　　按照老卢的说法，纽约警察执法明显有种族歧视。一些披萨外卖店的外国人骑电动车很少被抓，被抓的大多是华裔面孔，"警察我不怕，我有工会的会员卡。"

　　有一次，老卢送外卖时被一名警察盯上了。警察叫停他之后进行盘问。

　　老卢说，"他（警察）问我有没有ID（身份证）"。

　　"我说，No ID（没有身份证）。"

　　"为什么没有ID？"

　　"I do not know.（我不知道）"。

　　"我骂他（警察），我说20年了，（美国）都没有给我ID。"

　　"他（警察）说，要把我送回（中国）去。"

　　"我说OK，没问题，然后就把手伸给他，让他铐起来送我回（中国）去。我说，twenty years，No wife，（与老婆分开20年了，都没有再见过老婆一面），但他也不收我。"

　　"我说，Fuck American lawyer，pay too much money, nothing for me.（去他妈的美国律师，我花了那么多钱，什么都没得到。）"

　　"No green card，No ID."

　　"警察我不怕，花了这么多钱，也不给我绿卡。我也没有做错事情，骑电动车送个外卖，很环保，你凭什么抓我？"

　　老卢一天书也没有读过，2002年送外卖时遭遇一起车祸，腿被撞断了，此后的4年时间内没能做工，完全靠赔偿金生活。在律师帮助下，老卢得到一笔20万美金的赔偿，也是在这4年期间，老卢在工会里学习了一些简单的英文，遇到警察时能"东一句，西一句"，抵挡一下。

　　除去付了30%的律师费，老卢将20万赔偿金的一大半寄回了老家，帮家里盖起了一栋两层高的小楼。儿子如今已长大成人，娶妻生子。老卢的妻子现在和儿子住在一起，帮儿子带孩子。

　　"我在大陆的房子很大，但在这里只剩受苦。20多年了，老婆只看得着，摸不着……"

第三节：华埠变脸

19世纪40年代，加利福尼亚州淘金热将第一批中国移民带到了美国西海岸旧金山。

此后，华人劳工不断来到美国，19世纪50年代，由于长期开采导致金矿出金量下降，淘金业所需的劳工锐减，大量华人劳工随之被迫转行，从事太平洋铁路的修建工作。

太平洋铁路修建完毕之后，不少华人劳工为了谋生只能进入卷烟和纺织行业，招致当地白人不满。他们认为，既老实听话又能接受更低报酬的华工会抢走他们的饭碗。在美国一些西部州政客的鼓动下，1882年，美国联邦政府出台了针对中国移民的《排华法案》（1882年至1943年）。①

《排华法案》禁止中国劳工移民美国。这是美国第一部，也是唯一一部以国籍划分的联邦移民排外法案。《排华法案》主要内容包括：禁止华工入境10年；其他居美华人如果没有适当证件，一律被驱逐出境，今后各地均不得准许华人归化美国公民。《排华法案》出台以后，华人劳工成为种族暴力事件和歧视的对象。

因不堪暴力欺凌和种族歧视，华人劳工从原先居住的美国乡村和城镇出走，躲避到大城市讨生活。在这一背景下，19世纪80年代，由较多华人聚居而成的中国城先在旧金山形成。随后，更多的中国城在纽约、费城、波士顿、芝加哥、华盛顿等大中城市形成。

中国城与意大利人、犹太人和波兰人等族裔的聚居区不同，后者随着逐渐与美国社会的融合与通婚，民族特点已不那么明显。在《排华法案》生效后的很长一段时间内，华人聚居的中国城一直延续了一个相对封闭的结构。既是生活的地方，也是谋生的地方。来美国20年，黄先生也没有走出过这个相对封闭的圈子。

---

① Peter Kwong, The New Chinatown, Revised Edition, 1996.New York: Hill and Wang, 1987 .(Page 12– 14.)

纽约中国城街景一瞥

2012年12月，我到纽约出差，特意到华埠走走看看。曼哈顿华埠，原本是初到美国的华人落脚的地方，随着新移民的不断涌入，无时无刻不在发生着变化，在吸纳新人，也在倾诉过往，更在见证着无数个华人"美国梦"的幻灭与成真。

19世纪中叶，据说第一位定居于此的华人是广东商人阿肯，他在这里开了一间香烟店。后来，越来越多的华人聚到这里谋生。在曼哈顿华埠，根本不需要讲英文。穿梭于大街小巷，耳边尽是熟悉的乡音，广东话、闽南语……各种方言，如果你只会说普通话，也完全没有问题。

置身于华埠，会让你产生一种错觉，忘却身在美国的现实。

行走在华埠大街小巷，各种中国元素应有尽有，酒店、超市、餐馆、书店，一家接着一家，多用中英双语标注，即便是街道名称，英文下方也加注中文。即便你完全不懂英文，仅凭中文也能购物，吃饭……

对于初到纽约中国城的游客来说，这里热闹非凡，处处喧嚣。不过，很少有人能注意到喧嚣背后的那一段段心酸的过往，其中既包括像黄先生这样，游离于美国主流社会之外靠租赁鲜花、主持婚宴、到酒楼唱歌谋生的中年艺人，

曼哈顿中国城的中餐馆"上海小馆"

也包括像老卢这样50多岁脚踏电单车、风里来雨里去的外卖郎……

上世纪七八十年代以后，大批福建人涌入美国，其中不乏偷渡客，他们进入曼哈顿华埠之后便"销声匿迹"了。黄先生说，来纽约20年了，自己老了，华埠也变样了，"（华埠）房子变了，人也变了，什么都变了。"

过去，位于曼哈顿下城的东百老汇大街有很多广东人，来自其他地方的人也很多，现在东百老汇大街上到处是福州人，完全被福州人"占领"了，而很多广州人搬走了，离开了曼哈顿的中国城。

黄先生举例说，如果你在这里开一家越南餐馆，福州人越来越多，但福州人很少光顾越南餐馆，经营不善便交不起房租，就只能把餐馆卖出去，福州人就会接手，开一家福州店，"我英文不懂的，不可能光顾越南餐馆，我肯定到福州餐馆去吃，越南餐馆就这样都被挤垮了"。

以前，纽约曼哈顿华埠以广东人为主，现在福建移民已经超过了广东人，成为人数最多的华裔移民群体。福建人从事各行各业，包括中餐馆外卖店、酒店、旅馆、超市和运输公司等等。

如今，纽约大约90％的中餐外卖店都由福建人经营，而整个纽约地区至少有5000家中餐馆或中餐外卖店。这种外卖店不需要非常专业的厨师，夫妻俩人，再雇佣几名帮手加几把炒锅就能搞定。另外，福建人还涉足运输业，跟"灰狗"巴士竞争；开设婚纱影楼，包揽华人婚庆，也带动了婚庆公司、婚纱店、金银首饰店和花店等一些行业的发展。

如今，华埠的东百老汇大街已被称为"福州人大街"，每逢十一国庆，这里会升起五星红旗，举行国庆游行，规模很大。1997年11月19日，在"福州人大街"的最南端，中国历史名人近代民族英雄林则徐的铜像落成。

曼哈顿中国城汉语标识的新华书店广告牌

中国近代史上的禁毒先驱林则徐，也是福州人。林则徐铜像高3.5米，由厦门大学艺术教育学院副院长李维汜教授设计，它头戴清朝官帽，身着一品官服，背着双手，昂首挺胸，彰显中国人民百折不挠的气概和睁眼看世界的胸襟。在纽约侨界的共同努力下，2005年6月26日，即国际禁毒日这一天，纽约市政府将中国城东百老汇大街命名为"林则徐街"。

华裔非法移民的逐年涌入也在改变着美国大城市中国城的人口构成，福建人已经取代了广东人的地位，成为移民主体。如今，纽约曼哈顿东百老汇一带，也被称为"小福州"，到处分布着福州人经营的商铺和饭店。

2013年12月，纽约市政府发布名为《最近的纽约客》（The Newest New Yorkers）移民报告。报告显示，1900年，纽约人口340万，截至2011年，纽约人口超过820万，人口增长的主因是移民涌入。

按移民来源国统计，过去几十年，纽约各族裔移民构成遭遇大洗牌，欧洲裔比例减少，其他族裔比例增加。2011年，包括中国大陆、香港和台湾在内的中国移民人数为35.02万，仅次于多米尼加籍移民的38.02万，位居第二。

2000年，纽约的中国移民人数为26.16万，2011年，这一数据增长至35.02万，增长速度为34%，而多米尼加移民的增长速度为3.0%。因此，不少业内人士预计，未来几年，华裔将超过多米尼加裔，成为最大的少数族裔。

在纽约市城市规划局的官方网站上，选择来源地中国，可以在互动板块上清晰地看到，曼哈顿华埠已沦为纽约最小的华人聚居区。无论从中国移民数量，还是聚居区面积看，曼哈顿华埠已被位于皇后区的法拉盛和布鲁克林的本森赫斯特（Bensonhurst）赶超。

在纽约，华人聚居的5个地区分别是曼哈顿华埠、皇后区法拉盛、埃尔姆赫斯特（Elmhurst）、布鲁克林的本森赫斯特（Bensonhurst）和日落公园（Sunset Park）。2014年2月18日，纽约城市规划局官方网站的数据显示，曼哈顿华埠人口为4.78万，其中中国移民2.09万。

本森赫斯特总人口14.4万，中国移民3.17万，成为纽约市人口最多的华人聚居区。法拉盛人口9.44万，中国移民3.16万。日落公园人口12.4万，中国移民2.76万。埃尔姆赫斯特人口10.86万，中国移民1.73万。

如果把上述几个社区的中国移民数量累计，将占到纽约中国移民总数的三分之一。报告显示，2000年，曼哈顿华埠在5个华人聚居区中的中国移民数量最多，但到2011年，这一数据降至2.09万，跌幅为23%。

当被问及曼哈顿华埠人口减少的原因时，纽约市立大学亨特学院华裔教授邝治中说，中国人移民到纽约的数量一直在增长。一方面，很多中国移民不断搬入曼哈顿华埠，另一方面，曼哈顿华埠的不少人也搬到华埠周边地区居住。

邝治中说，曼哈顿华埠是比较受新移民欢迎的地区，但由于地方有限，容纳移民的能力也有限，很多人住不起曼哈顿华埠，就只能搬到皇后区和其他地方。过去20年，这种发展趋势一直都存在。

现在很多房地产开发商希望能"进军曼哈顿华埠"，包括华埠在内的整个曼哈顿面临着"贵族化"的外来压力。不过，曼哈顿华埠自身也在完善发展，自1970年以来，也在不断容纳新移民。

受诸多因素影响，曼哈顿华埠生活成本增加，最明显的地方是房租比之前高很多。不少福州人和来自温州的新移民，在曼哈顿华埠找不到合适的地方居住，只能直接搬到其他华人聚居的地方。

邝治中说，由于在曼哈顿华埠生活、购物比较方便，社区设施比较齐备，很多刚踏上纽约的新移民愿意选择在曼哈顿华埠落脚，但是现在，越来越多不能搬到曼哈顿华埠的新移民，搬到了布鲁克林日落公园地区落地生根。

他认为，曼哈顿华埠的性质与美国其他地区的中国城不一样。曼哈顿华埠比较特殊，"做事情在那里，居住在那里，消费在那里，社区活动也在那里，所以性质不同，这种性质的唐人街在美国并不多见"。

邝治中解释说，比如，芝加哥中国城和旧金山的中国城，尤其是波士顿和费城的中国城，很大意义上已经变成了餐饮区和旅游景点，而不是中国移民聚居和生活的地方。

曼哈顿生活比较方便，很多白人也愿意搬到价格相对便宜的华埠居住，非法移民原来有限的生存空间受到进一步挤压。

英国广播公司在2014年2月4日有一则报道说，受高档酒店和连锁店出现的影响，美国纽约、波士顿和费城的中国城面临"逐渐消失"的危险。亚美法律援助处的一份报告指出，2000年至2010年，纽约地区中国城的亚裔人口减少的幅度在48%至45%之间，波士顿亚裔人口减少的幅度在57%至46%之间，费城亚裔人口减少的幅度在49%至30%之间，而上述三个地区的白人比例均有所上升。[1]

早期来美的福建人，在1986年和1990年美国政府大赦时拿到了绿卡，合法的身份也帮助他们在中国城逐渐站稳了脚跟。与之不同的是，后期抵达的非法移民，尤其是偷渡来美的人，大部分文化水平较低、缺乏专业技能、语言不通，到美国后只能到餐馆、制衣厂和建筑工地和农场打工，从事低薪工作，劳动强度大，工作时间长，报酬往往也低于联邦政府规定的最低工资标准。

福建非法移民大量涌入，而曼哈顿华埠吸纳劳动力的能力却有限，包括餐馆在内的不少行业内部竞争加剧，原本在刀口上艰难讨生活的非法移民，生活变得更加艰难。黄先生说，原本一次演出，包括提供鲜花租赁、司仪、唱歌和

---

[1] "The slow decline of American Chinatowns"By Aidan Lewis, BBC News, New York, February 4, 2014 http://www.bbc.co.uk/news/magazine–25920980

跳舞服务在内，能拿到1000美元，但现在已经缩水到七八百美金了。

邝治中说，没有合法身份是困扰非法移民向社会上层流动的一个重要障碍，另外一个原因是他们还要偿还偷渡费，"要还债"，但是需要明白的是，很多来美国的非法移民绝非"等闲之辈"，他们有追求美好生活的动力，彼此间有互助的传统，也有实现美国梦的理想。

邝治中说，20年多前，刚踏上曼哈顿华埠的福州人很苦，但现在他们很多人已经站住了脚。来到美国的福州人，大部分都是有野心的，吃苦肯干，所以从这一层面讲，美国的历史是由移民书写的历史，包括非法移民在内的一批批美籍华人为美国的发展也贡献了力量。

不管是打拼在美国的福建商人，还是挣扎在曼哈顿中国城的华裔非法移民，他们怀揣着同一个"美国梦"——不满足于现状，能拼敢闯，怀抱美好生活愿望，在自由女神的感召下来到美国纽约。

从踏上曼哈顿华埠那一天起，他们从中餐馆打工开始，年复一年，积累原始资本，拥有一家属于自己的餐馆、旅店，甚至是超市……涉足房地产和中介等各行各业，直至在纽约打下一片属于自己的天空——这是大多数如今仍居住在中国

横跨纽约东河的布鲁克林大桥，连接布鲁克林区和曼哈顿岛。

城里的华人发展基本轨迹，尤其是踏上这片土地的第一代移民。

直至今日，我依然无法忘记，像黄先生和老卢一样的非法移民，他们没有合法的美国身份，有的甚至一直躲藏在社会的阴暗角落里，但他们也在支持着华埠的发展，他们的名字也叫纽约客，他们的付出，也在书写着纽约这座国际化大都市的今天和未来……

但是，纽约欠他们一份公道。

第四节：　给我一个身份，还我一份公道

美国总统贝拉克·奥巴马2009年上台以来，截至2014年初，被遣返回原籍的非法移民总数超过190万，接近200万。依这样的遣返速度计算，奥巴马任内遣返非法移民人数势必超过其前任乔治·W·布什。

在奥巴马任内，美国已经出现了史上最大规模的遣返潮。对于生活在美国的一些华裔非法移民来说，一听到风吹草动，便提心吊胆。用黄先生的话说，尽管纽约警察对非法移民查得并不严，但他们习惯了见到警察躲着走，如同小偷一样。

通往自由女神像的路标

每天清晨起床，黄先生会先到花店，把鲜花搬到手推车上，然后拉着手推车往酒店走，布置婚礼现场，为晚上的婚宴做准备。黄先生对我说，没有合法身份，处处要小心翼翼，不敢得罪人，即便是一些黑人小混混打你主意，甚至遭遇抢劫，也不敢报警，担心被递解出境。

在黄先生看来，他并不认为偷渡到美国也算是一种犯罪，他们在华埠老老实实做人和工作，追求美好生活，不偷不抢，凭自己的辛苦劳动赚钱养家。在美国生活20年了，却依然因为没有合法身份而可能被递解出境，让他不能理解。

黄先生说，很多曼哈顿华埠的非法移民在美国娶妻生子，他们的孩子已经是美国公民了，"但你要把他的父母遣返回去，就像是萝卜长了，根都扎在这边了，你要把萝卜缨子割掉，萝卜一半菜一半，这怎么行得通？"

美国现有非法移民超过1100万，其中大部分为墨西哥非法移民，华裔非法移民数量相对较少。

没有合法身份，曼哈顿华埠的一些非法移民往中国汇钱比较麻烦，生活中也面临诸多不便。纽约州法律为汇款金额设定限制，汇款一旦超过3000美元，政府部门会核查汇款人身份。不少非法移民为了躲避被核查，有时候借用别人的证件，也有的通过同乡带现金回老家。

黄先生说，还有一些非法移民没有合法身份，在银行开账户比较困难，但拿着护照可以在银行开一个保险箱，把赚来的现金和贵重物品放到保险箱里。因为银行不允许保险箱里放现金，但不少华裔非法移民明知违规也只能这样做。

在曼哈顿华埠银行，如果你发现汇款单只填写2999美元，那么汇款人十有八九是非法移民。"但有很多门道，你的护照给我也可以，复印件就行，我可以拿好几本护照"，黄先生说。

来美国20年，先帮大儿子在福州买了一套新房，随后又资助小儿子读大学，黄先生已经忘记了往家里汇过多少钱。

"刚到纽约，晚上出去唱歌，回来之后住在朋友家的壁橱里，有些不习惯，但对生活还是充满了希望，很有干劲儿，累但不觉得苦"，黄先生说，"一开始，很想家，慢慢就习惯了。不管怎么样，在纽约比在大陆赚的钱总要多一些。"

黄先生说，其他州都查非法移民，但纽约不怎么查，很自由。"我来美国20年了，没有人查你，除非你犯法。不像大陆，居委会查户口，在纽约没有遇到这种情况。"

在异国他乡漂泊久了，落叶归根不止是黄先生一个人曾经的想法。

"但现在不想回去了，像我们这么老了，回去谁要我们，儿子担心我们成为负担，这个歌可不好唱，不想唱这个歌"，黄先生一阵苦笑，"不可能（回去）的"。

2013年，黄先生58岁了。当被我问起是否想回国时，黄先生满口无奈。"你的意思是在美国赚了钱之后，可以告老还乡，回福建安度晚年，但在美国赚的钱也基本都用光了，都寄给儿子了，剩下的也都用光了。"

"现在，您还能唱歌，但以后怎么办？"

"我也不知道以后怎么办？谁知道以后的事情，像我们这样的人，美国没身份，大陆没身份，老了没保障，死了没人认。"

"谁敢认你，认你麻烦啊!"

"我十几年在美国都有纳税。我（的花店）向美国政府纳税10多年了，去年我们报税收入1万6千美元，但没有（合法）身份，很多福利待遇我享受不到。"

"如果能拿到合法身份，那我们就开心死了。我已经在这里看到3任总统换届了，不知道哪位总统讲话会算数，能真正帮助我们这些平民百姓，给我们一个合法身份。上台前，总统讲，我要（移民）改革，都是好话。上台之后，就变成什么困难重重，国会不同意啊，反正都有理由。"

"每年（向美国政府）报税的时候，就说要特赦，报纸也登出来。报税一过，什么都不讲了"，黄先生说，纽约大约50万非法移民都希望美国政府能特赦，给他们一个合法的身份。在经历申请身份遭拒之后，黄先生现在希望通过寻求政治庇护这一途径获取合法身份。

2014年2月10日，纽约市市长比尔·德布拉西奥（也译白思豪，2013年11月当选）在"市情咨文"中表示，2014年，纽约市将推行纽约市身份证计划，覆盖纽约市的大约50万非法移民，使他们能够在银行开户、租赁房屋、办理图书证等等，解决他们平时生活中因没有合法身份而遇到的难题。

自从纽约市2013年11月11日启动禁骑电动自行车规定以来，老卢便带着工友示威抗议，向所在地区的议员反映问题，希望纽约市能考虑到外卖郎的难处，取消这一规定，给外卖郎留一条生路。

2013年11月27日，在老卢的带领下，外卖郎举行记者会，希望通过媒体的关注和帮助，传递他们的不满和抗议，强烈呼吁纽约市政府修改禁用电动车法规。

纽约推行禁骑电动自行车政策，初衷是为了保障行人安全。因为电动自行车速度快，有的外卖郎为了能多送外卖不遵守交规，闯红灯，给行人带来安全隐患。不过外卖郎认为，电动自行车环保，只要遵守交规，就不会撞上行人，禁骑不合理，警察开罚单应该因人而异，因事而异，不能搞一刀切。

2014年1月17日下午，老卢带领10多名外卖郎前往纽约市议员陈倩雯的办公室请愿，递交请愿信，请求议员向市政府反映他们的呼声，要求废除禁用电动自行车。陈倩雯听取了华人互助联盟工会的意见，表示将与市长方面联络。

老卢说，一些华裔外卖郎吃了罚单已经开始罢工了。纽约一共有几万名外卖郎，如果都罢工的话，纽约餐饮业甚至整个纽约的正常运转和经济将陷入瘫痪。"外卖郎不干工作，就会去赌钱，成为社会的不稳定因素，你（纽约市）受得了吗？"

按老卢的说法，禁骑电动自行车规定实施以来，纽约警察在执法过程中有严重的种族歧视现象，有的老外送外卖闯红灯没有事，但华裔外卖郎一闯红灯，就被警察铐了起来，丢失电动车的情况也发生过。

老卢说，外卖店竞争压力大，外卖郎很辛苦，为了生存接的电脑单都很远，来回要跑100个街区。如果不让他们骑电动自行车，根本没办法生活。但现在纽约一些警察"胡来"，"所以我们要成立一个组织，团结起来，要投诉，要抗争"。

他们之前曾经向很多华埠社团求助，但社团组织害怕得罪政府，不愿意提供帮助，"没有组织为我们说话，所以我们自己要成立一个组织，如果纽约市政府不改变规定，我们一两万名外卖郎就要组织罢工"。

来美国纽约之前，老卢在福建长乐务农，没有受过什么教育，只能歪歪扭扭写出自己的名字。来到美国之后，迫于生计，现在能讲几句简单的英文，尤其是对付警察的盘问时。

华人互助联盟工会刚成立，便有几百名华人工人加入，其中大多是没有合法身份的非法移民。会员入会方式简单，两年会费一共30美元，其中包括小理一个工会ID（身份证）的费用。老卢待人热情，乐于助人，被推举为主席，除晚上送外卖，白天基本都在工会义务劳动。

纽约市立大学亨特学院华裔教授邝治中说，包括华裔和西班牙裔在内的非法移民对美国经济发展发挥了重要作用，"如果他们一天不做事，美国的经济就垮了，农业、餐馆业都搞不起来，保姆也没有了，很多小工厂也撑不起来。"

在邝治中看来，外来移民推动美国发展，非法移民也是支撑美国经济发展的一个非常重要的因素，非法移民与其他有合法身份的移民发挥的作用基本一样，但他们的薪水和劳工保障却很低，从雇佣角度而言这对雇主是很有利的，"剥削他们成为（雇主）发展的一个很重要的因素"。

"比如说，曼哈顿华埠的一家小餐馆，如果没有非法移民，它能发展吗？送菜的人有的根本没有薪水，完全靠小费，对这些小餐馆而言，是它们得以运营的一个很重要的因素"，邝治中说。

美国政府如何应对境内的1100多万非法移民，不仅关乎党派之间的政治博弈，更关乎每个移民家庭的切实命运。随着非法移民被遣返回原籍，不少家庭每天面临被拆散的命运，支持移民改革的人士和组织呼吁奥巴马政府停止遣返非法移民。

总部位于美国首都华盛顿哥伦比亚特区的智库移民政策研究所（Migration Policy Institute）专家马克·罗森伯格（Marc Rosenberg）认为，"非法移民合法化对美国的经济有益。更多的人将被纳入纳税体系，更多的税收可能会带来净财政收益"。

在美国国会和白宫看来，他们则更关注的是非法移民给他们带来的政治效应，但在经济学家眼里，他们更侧重从经济的角度来处理非法移民问题。大多数经济专家认为，让1100万非法移民合法化将对美国经济构成有力支撑。

不过，也有一些智库对移民持反对态度，移民研究中心（Center for Immigration Studies）就是其中之一，其对待外来移民的立场比较保守。他们认为，从经济层面考虑，非法移民合法化的弊大于利。美国应提倡一种"更具选择性"（more selective approach）的移民政策，移民政策应该向对美国利大于弊的外来移民倾斜。

尽管美国眼下针对非法移民的改革众说纷纭，意见不一，但大多数经济学家认为，对非法移民进行改革有利于美国经济增长。反对非法移民合法化的人士认为，非法移民合法化将使美国付出沉重代价，但支持移民改革者表示，如果什么都不做，对非法移民放任自流，给美国带来的后果将会更加严重。

针对非法移民合法化将对美国经济"不利"的言论，美国加州大学伯克利分校公共政策教授、克林顿总统时期的劳工部长罗伯特·赖克专门撰文，"移民改革和经济真相"（The Truth About Immigration Reform and the Economy），从不同层面给出详尽分析，打消反对非法移民合法化者的疑虑。[1]

第一，反对者担忧，非法移民合法化将加重原本已经捉襟见肘的联邦社会安全项目负担，其中包括社会保险和医疗保险等。对此，非党派性组织国会预算办公室指出，移民改革实际上将减少财政赤字，减少的数额可能高达数千亿美元。

原因在于非法移民获得身份后需要参与社会保险和医疗保险等项目，缴纳相关费用，而移民的平均年龄比美国本土工人的平均年龄要小，这意味着他们缴纳社会保险和医疗保险的时间会更长。

第二，反对者担忧，非法移民合法化以后会抢夺美国人的工作岗位。

赖克指出，随着美国经济的增长，可以创造更多的工作岗位。过去的200年，美国的发展得益于移民的不断涌入及其贡献。另外，来美国的很多移民都怀着"雄心壮志"，如果没有进取之心，他们没有必要忍受艰辛来到美国，他们的雄心壮志和努力工作将推动美国经济更快发展。

国会预算办公室预计，非法移民合法化将使美国经济在今后10年的发展提速3％，在今后20年提速5％。此外，来美的移民后裔大学毕业率要高于本土美国后裔的平均数，他们的收入也高于作为第一代移民的父辈，创造力更强，更有助于助推美国经济的发展。

第三，反对者认为，美国不需要移民。

对此，赖克指出，美国社会正处于一个迅速老龄化的过程中，吸纳移民可以对抗老龄化对经济产生的不利影响。40年前，美国在职工人与退休职工的比例为

---

[1] The Truth About Immigration Reform and the Economy   http://www.huffingtonpost.com/robert-reich/immigration-reform-and-the-economy_b_3517558.html

5：1，现在这一比例为3：1。如果按目前的这一趋势发展，至2030年，这一比例将接近2：1。2：1的比例，任何一个国家的经济都将难以持续。移民的平均年龄低于美国本土人口的平均年龄，他们的到来将优化在职工人与退休职工的比例结构。对于美国而言，如果想保持经济活力，移民是一支不可或缺的劲旅。

第五节：谁的悲哀：当谎言成为他们的出路

来美国之前，黄先生与妻子离异，来到美国后，与他认识的一名中国女子结婚。因为这名女子在美国有绿卡，两人结婚后，黄先生便请律师开始申请合法身份。不幸的是，一晃六七年过去了，身份始终没能办下来。

后来，由于再次离婚，黄先生办身份的事情也不了了之。在纽约曼哈顿华埠，黄先生小有名气，具备一定的专业演员素质，唱歌跑场认识了很多人。2013年，美国著名的纪录片导演琳恩·萨克斯执导拍摄了一部有关移民题材的纪录片《你的白天是我的黑夜》，黄先生获邀参演其中。

这部纪录片讲述的对象正是生活在纽约市中心唐人街的华裔移民，讲述了一个华裔移民租床铺轮流睡觉的故事，真实再现了华裔移民在异国他乡生活的艰辛。影片中，演员们分别讲述了自己当年来美的经历。

黄先生说，现在他唯一能做的就是等待美国政府特赦，但这似乎遥遥无期。

"我拍这个电影，电影公司可能会帮我（拿到合法身份），因为我在电影中有讲关于（中国）大陆的政策。通过这个，现在想寻求政治庇护，因为大陆也有人问我，（我原先的）单位告诉我，你想要清楚，要在里面讲什么，让我不要拍电影"，黄先生说。

"我还管他，我来美国了，我还听你的话？我把他臭骂了一顿"，黄先生对我说。这部纪录片长约60分钟，我前前后后认认真真地看了一遍，尤其是涉及黄先生的部分，并没有发现所谓的"政治敏感内容"。

"有，但他们（导演）后来给我剪掉了"，黄先生说，即便到现在，他对中国一些社会现象还是看不惯。"我要开一个歌舞厅，光（盖）印章就要十几个，层层塞钱，不塞钱你开不起来。塞钱，要不就不批准，消防部门，市消防局、区消防队，甚至街道管消防的也要来检查。市公安局、区分局、街道派出所，人太多了"，黄先生说。

"他们过来，你要巴结他，不巴结他，明天就给你封掉，关门整改……你不给他塞东西，就找你麻烦，这不行，那不行，塞了钱，什么都行了。"黄先生说，尽管在纪录片中他没有这样说，但在接受美国当地媒体的一些采访中，黄先生都是实话实说。

"不过，我们听说，现在大陆（中国政府）抓了很多（贪官）"，黄先生说，"不是我讲坏话，事实上中国的确存在这些问题。"因为讲了这么多"实话"，黄先生担心回国之后会惹麻烦，因此希望能请律师帮忙申请政治庇护，拿到美国合法身份。

律师费很贵，需要1万美元左右，除了等候特赦外，申请政治庇护成为目前黄先生申请合法身份的唯一渠道，"没有其他办法搞身份，等政府特赦也希望渺茫"。

据了解，除等候特赦之外，非法移民在美国拿到合法身份通常有三种途径。一种是申请美国劳工部的"劳工证"（labor certification）。劳工证是美国劳工部和移民局给予职业移民填补资格的证明，前提是有意聘请外籍员工的公司在美国找不到所需要的员工。第二种，与美国人通婚或者通过亲属移民获得身份。第三种，即申请政治庇护。

不少来自中国的非法移民，因学历不够，申请劳工证无望，加之一些无良律师的鼓动，纷纷打起政治庇护的主意，编造被中国政府迫害的谎言，希望获得绿卡。2014年2月22日，《纽约时报》刊载文章"中国城的庇护欺诈：谎言产业链"，揭露了一个纽约中国城律师涉嫌为华裔非法移民编造谎言制造伪证，通过申请庇护骗取身份的非法产业链。[1]

《纽约时报》报道说，在美国，申请庇护的中国移民人数超过其他国家的移民。因为在纽约中国移民人数位居前列，过去6年，即便是并没有面临递解出境的中国移民，到位于纽约的联邦庇护办公室递交申请的大约占总申请人数的一半。

2012财年，位于纽约的联邦庇护办公室受理的中国移民庇护申请占总数的62%，而这一办公室受理的中国移民申请超过接下来的10个国家的申请总数。

---

[1] Asylum Fraud in Chinatown: An Industry of Lies, By Kirk Semple, Joseph Gikdsteub and Jeffrey E. Singer Feb. 22, 2014　http://www.nytimes.com/2014/02/23/nyregion/asylum-fraud-in-chinatown-industry-of-lies.html

《纽约时报》援引美国政府披露的数据说，2013财年，美国批准的中国移民庇护申请率大约为40%。但在纽约，批准率仅为15%。

纽约市立大学亨特学院教授邝治中说，在纽约唐人街的中国人聚居区，至少有部分庇护申请是假的，而这早已是公开的秘密。从遭受迫害的叙述、到准备的各种材料、目击证词等都可能涉及造假。

对于申请庇护的人来说，"不是对与错的问题，而是他们能否获得批准和怎样才能获得批准的问题"，邝治中说。对于中国非法移民来说，申请庇护是一条相对简单易行的途径：一旦庇护申请获批，申请者可以立即获得工作许可，一年以后就可以申请绿卡。

由于申请庇护获得绿卡的市场需求极大，纽约唐人街的一些律所便做起了帮助非法移民申请庇护的生意，从而获得丰厚收益。一份申请的代理费甚至超过1万美元，对于那些在餐馆和洗衣房等场所奔波的非法移民来说，这简直是"生命不能承受之重"。

2012年12月18日，美国联邦调查局探员、纽约警方和移民局庇护办公室联手在纽约曼哈顿华埠东百老汇大街2号公寓展开行动，封锁附近街区，查抄了多家律师事务所，带走了至少30人，包括一些律师。

为了这次联手行动，美国联邦调查局前前后后调查了3年多。联邦调查局探员找人充当卧底，假装申请庇护从而获得了证据。在此之前，移民局工作人员发现，华人非法移民通过这些律所递交的庇护申请极其雷同，所受的遭遇类似，由此引发了受理工作人员的极大怀疑。

他们遭控涉嫌提供假证、伪造材料，使用非法手段帮庇护者申请身份以谋利。

按照《纽约时报》的说法，美国有为遭受迫害寻求庇护的外国人提供庇护的传统。不管在美国身份是否合法，移民都可以在抵达美国的一年内申请庇护，前提是他们必须证明不能或者不愿意回到自己的国家，以免自己"遭受迫害"，不管这种迫害是由自己的种族、宗教、国籍、政治观念或是加入某一特定社会组织所导致。

2012财年，美国共受理大约5.64万份庇护申请，其中2.95万份获批，创2002年以来新高。2002年，全美共受理大约3.7万份申请。专家说，中国移民申请庇护的原因不外乎以下几种：在中国现行计划生育政策下被强制堕胎或节育，信仰基督教，加入中国民主党或法轮功组织等。

《纽约时报》报道，在之前的庇护申请欺诈案中，一些律师将中国移民递交的申请庇护材料和个人陈述从一个客户"复制"给另外一个客户，只改动一下时间和姓名。甚至有时候，一些律师连时间和姓名也忘记了更改，这引起了移民局人员的怀疑。尽管也有一些递交申请的中国移民说，他们的遭遇是真实的，只不过递交的材料是在律师帮助下虚构的。

在纽约皇后区一家律所工作的一名台湾移民说，"许多年前，他的工作就是使用相片编辑软件Photoshop处理客户相片，通常做法是把客户的面部与遭警察殴打的人面部进行叠加，以达到欺骗的目的，（申请庇护的）很多信息都是事先做好的"。

在法拉盛和其他一些中国移民聚居的社区，有的教堂会给前来参加礼拜的人出具一份材料，帮助他们向移民局官员证实他们经常去教堂礼拜，笃信基督教。可以想象，在纽约中国城的一些教堂，并不是所有前来礼拜的人都是虔诚的基督徒，有的"基督徒"是为了"备战"庇护申请而来。

数据显示，2012年12月，联邦调查局查封曼哈顿华埠的多家律所之前，整个2012财年，通过位于纽约的联邦庇护办公室递交的庇护申请迅速增长，由2006年的约1700份增长至约7000份。联邦调查局查封以后，2013年，这一办公室受理的庇护申请降至约4300份。

案发后，一些委托这些律所办理身份的非法移民前来询问，担心他们递交的庇护申请受影响，所幸的是递交申请的客户并未遭到联邦调查局起诉，但他们支付的高额律师费很难收回了。

在美国，申请政治庇护主要有两种方式：主动申请（Affirmative）和防御申请（Defensive）。主动申请是指在美国国内并且不牵涉任何被递解出境程序的申请者。申请者主动填写I—589表格，然后递交给当地的政治庇护办公室。[1]

美国全国共有8所政治庇护办公室。政治庇护办公室受理申请后，会安排一名官员与申请者面试。如果符合美国政治庇护的条件，面试成功，申请者将获

---

[1] Asylum and "Credible Fear" Issues in U.S. Immigration Policy Ruth Ellen Wasem, Specialist in Immigration Policy , June 29, 2011　https://www.fas.org/sgp/crs/homesec/R41753.pdf

得政治庇护。政治庇护办公室官员将根据申请者递交的表格、面试过程中获得的信息以及与本案相关的信息（例如，申请者国家的情况）等作出判断。

如果政治庇护办公室官员批准了这一申请，并且申请者通过了身份和背景调查，申请者将获得政治庇护。如果未能获准，申请者可以留在美国国内，直至有效期满自动离境。另外一种可能是，如果申请者的身份黑了下来，申请者则必须强制进入第二种政治庇护申请方式：防御申请。

防御申请指的是案子由移民局移至移民法庭。申请者处于被递解出境的过程中，申请政治庇护，以防止被递解出境。因此，偷渡来美国的非法移民和被扣留的申请者，从一开始便进入防御申请。进入防御申请程序后，移民法官将启动正式法庭程序，例如举证、直接询问和交叉询问等，然后作出裁决。

美国移民政策专家露丝·埃伦·瓦泽姆（Ruth Ellen Wasem）在"美国移民政策的庇护和可信的恐惧"一文中援引数据显示，2009财年，来自中国的政治避难申请在所有申请中占相当比例。主动申请的2.455万个案例中，中国占35.7%。防御申请的3.9279万个案例中，中国占23.8%。

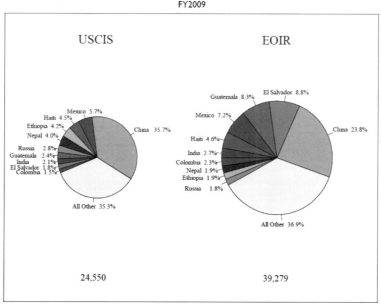

Figure 5. Top 10 Source Countries of Asylum Seekers
FY2009

Source: CRS presentation of data from the USCIS Directorate of Refugee, Asylum, and International Operations and the Office of Planning, Analysis and Technology in the Executive Office for Immigration Review.

Notes: Data represent cases not individuals.

其他位居美国政治庇护申请前10位的国家中有5个来自西半球，包括海地、墨西哥、危地马拉、萨尔瓦多和哥伦比亚。非洲国家中只有埃塞俄比亚位居前10位。

此外，瓦泽姆指出，从1997财年至2009财年13年期间，2002年，中国申请政治庇护人数达到峰值，其中主动申请1.0522万例，防御申请1.1499万例。

13年间，主动申请由1997财年的2377例增长至2009财年的8758例，增长率为268.4%，主动申请平均每年5607例。与之对应的是，防御申请由1997财年的8381例增长至2009财年的9336例，增长率为11.4%，防御申请平均每年为8581例，高于主动申请。

据了解，美国对其他类别的移民每年有数量限制，但对于申请政治庇护的移民数量不设限。意识形态色彩在美国移民政策的政治庇护条款上体现得淋漓尽致，尤其是对于那些在意识形态上不为美国认可的国家，美国对来自这些国家的政治庇护申请者比较偏袒。

不过，关于政治庇护，美国国内也存在不小的批评声音。

一些批评者认为，政治庇护已经成了美国移民政策"篱笆上的窟窿"，可能给美国带来安全隐患，给恐怖分子以可乘之机，应该收紧国门。但支持者认为，美国应该敞开国门，从人道主义出发，让更多寻求政治庇护的申请者得到庇佑，在国际上树立一个好的榜样，从长远看这更符合美国的国家利益。

第六节：自由 Vs 保守

在黄先生和老卢看来，他们进入美国之后，也没有犯法，称呼他们为"非法移民"（Illegal Immigrants）让他们不能接受，更谈不上罪犯。在美国，对于非法移民，媒体还有另一种表述，即Undocumented Immigrants，意思是"无证移民"。一些对非法移民持相对包容态度的美国民众更愿意用后者表述像黄先生和老卢一样的人。

长久以来，美国民主党和共和党一直围绕非法移民问题争吵不休，各持立场，分歧明显，凸显自由与保守之间的搏杀。目前，民主党和共和党围绕非法移民改革的主要分歧在于公民权的道路之争，这也是民主党和共和党在解决非法移民问题上的根本性分歧。

在美国总统奥巴马提出的全面移民改革草案中，针对非法移民的公民权，主要有以下主张：第一，首先让非法移民获得一个临时合法身份，而在获得临时合法身份之前，非法移民必须从社会的"阴影"里走出来，登记，提交生物数据（如指纹），通过犯罪背景和国家安全背景审查。在农业部门工作的非法移民工人和随父母进入美国的没有合法身份的儿童也适应于这一草案。①

非法移民必须要等待现有移民积压案件全部处理完毕之后才能申请永久居住权（即绿卡），并最终获得美国公民身份。与现行法律一致，获得临时合法身份的非法移民并无资格获得联邦福利项目，包括现行新的医保法规定的补助和免税。

第二，对申请永久居住权给出了严格要求。申请绿卡者（获得临时合法身份的非法移民）必须纳税，通过额外的犯罪和国家安全背景审查，进行兵役登记（如果适用），支付额外费用和罚金，学习英文和美国公民知识。依现行法律，获得绿卡之后5年，非法移民便可以申请美国公民。

第三，对于"梦想者"（DREAMers）而言，可以通过自己的努力赢得公民权。即如果不是出于自己的错误而是由父母在自己很小的时候带入美国的非法移民孩子，可以通过自己的努力赢得公民权。通过读大学或者参军至少两年，这些孩子将被给予获得美国公民身份的"快速通道"。

第四，在行政和司法上设立审查机制。对于被取消或者被拒绝临时合法身份，或者申请调整身份的申请被拒绝的非法移民可以寻求行政和司法上的重新审查。

第五，提供新资源打击欺诈行为。奥巴马授权资金支持，使美国国土安全部、国务院和其他相关联邦部门设立欺诈预防项目，为裁定人员提供培训，对申请进行审查以防止欺诈和乱用，同时引入其他能防止欺骗的措施。

2014年1月30日，美国国会众议员领袖提出了共和党关于移民改革的指导大纲，承诺两党将合作解决移民问题，但强调美国移民制度存在的问题必须逐步

---

① http://www.whitehouse.gov/issues/immigration/earned-citizenship

2012年6月7日，威斯康星州举行州长罢免选举投票。一些当地民众举行集会，要求罢免共和党州长沃克；而另一些当地民众，选择声援和支持沃克。

解决，首先必须保护美国边界安全和加强内部执法。[1]

关于非法移民能否获得公民权问题，指导大纲认为，对于那些违反美国移民法律的非法移民来说，共和党不会为他们提供一条获得公民权的道路——因为那样做对遵守移民法的人不公平，更不利于依法治国。

但是，这些非法移民可以在美国合法生活，即承认他们的合法身份，前提是他们要承认错误、通过严格的背景审查、缴纳罚款、补缴税款、精通英语和美国公民知识，并且能够自食其力，养活自己以及家人而不能依赖政府救济。

至于非法移民合法化，则必须要在采取措施确保美国边境安全之后。

共和党为何在非法移民获得美国国籍问题上态度如此强硬，不肯让步？从根本上讲，这与这部分人代表的选票有关。目前，在美国境内的大约1100万非法移民中，包括墨西哥非法移民在内的拉美裔已取代非洲裔成为最大的少数族裔团体，他们中的大多数是民主党的铁杆粉丝。

允许非法移民入籍意味着赋予他们选举权，而由于他们大多是民主党的支持者，这无疑将削弱共和党的票仓。2012年美国总统选举，奥巴马的当选就充

①Text of Republicans' Principles on ImmigrationJAN. 30, 2014 http://www.nytimes.com/2014/01/31/us/politics/text-of-republicans-principles-on-immigration.html

分证明了拉美裔移民的立场和他们强大的力量。

在针对2012年总统选举的一份长达100页的调查分析报告中，共和党列举了拉美裔选民为何不支持共和党导致共和党2012年总统选举失利的原因，以及共和党今后围绕拉美裔选民应该主攻的七大领域。这一报告的名称为《共和党全国委员会：成长和机会项目》。

报告认为，分析了共和党在2012年总统选举中失利的主要原因之一是人口结构变化影响了共和党传统的票仓——传统白人的选票下降，而拉美裔民众人口在增长，在选举中所占的分量逐渐增加。

2013年3月18日，《华盛顿邮报》援引报告指出，2012年总统选举中，共和党在赢得拉美裔选票方面所取得的成绩极为有限。迄今为止，表现最好的当属乔治·W·布什（小布什）。2004年总统选举中，小布什获得了拉美裔选民44%的选票。而在2012年总统选举中，共和党总统候选人米特·罗姆尼只获得了27%的拉美裔选票。[1]

报告说，越来越多的拉美裔选民倾向于支持民主党。截至2013年3月，美国国内拉美裔选民大约有2400万。预计到2030年，随着1700万拉美裔儿童年龄超过18周岁，拉美裔选民人数将增至4000万（小于18周岁的拉美裔儿童超过90%在美国出生，是美国公民，因此具有投票权）。

报告说，拉美裔选民认为，共和党根本不关心他们的利益，而这种印象愈发深刻。此外，仅仅在移民问题上给予一定的妥协让步并非解决共和党在拉美裔选民问题上的灵丹妙药。

2012年，非政府组织皮尤研究中心针对拉美裔选民的一项调查发现，移民问题在拉美裔选民关注的问题中排第五位，位于前四位的分别为教育、工作和经济、医疗和联邦预算赤字问题。

2016年，总统选举年。能否吸引更多拉美裔选民的支持，共和党在移民问题上是否会软化立场，关系重大。不管能否让步，对于共和党总统候选人来说都将是一个艰难的选择，如果在移民问题上过于示弱，则存在传统选民选票流

---

[1] The Republican problem with Hispanic voters — in 7 charts, BY CHRIS CILLIZZA , March 18, 2013 http://www.washingtonpost.com/blogs/the-fix/wp/2013/03/18/the-republican-problem-with-hispanic-voters-in-7-charts/

失的风险，尤其是那些对非法移民持极端保守和反对的传统选民；如果不软化立场，重蹈2012年总统选举的覆辙，这恐怕也是共和党总统候选人不愿意看到的。目前，共和党总统候选人唐纳德·特朗普，其反对外来移民的立场暴露无遗，并已多次在不同场合表示，主张在美国与墨西哥边境建隔离墙防止非法移民入境，拒绝所有穆斯林入境美国。特朗普在移民问题上所持的极端立场，遭到共和党内部一些建制派代表人物的强烈反对，也成为民主党总统候选人希拉里·克林顿攻击他的把柄。特朗普如果不能调整针对移民的立场和态度，共和党的选情可能会遭到拖累。

即便在共和党主导的国会内部，在非法移民问题上也出现严重分歧和不同声音。一些保守的共和党议员认为，不应该推行移民改革，但另外一些共和党议员认为，共和党必须解决移民问题，加强共和党和拉美裔选民之间的联系。

在2014年国情咨文中，美国总统奥巴马再次呼吁实施全面的移民改革，表示愿意与共和党合作，但他始终坚持，任何移民改革方案都应当包括使1100万非法移民最终获得美国公民身份的条款。随着2016年总统选举的进行，民主和共和两党在非法移民问题上的博弈仍在继续，在自由与保守的搏杀之下，像黄先生和老卢这样的华裔非法移民依然生活在纽约华埠中国城的阴暗角落里，任凭雨打风吹去……

1986年，时任美国总统罗纳德·里根签署《移民改革和控制法案》大赦非法移民，美国国内大约300万非法移民由此获得合法身份，其中包括不少华裔非法移民，但这一移民法案也招致不少批评。非法移民并没有因此而减少或者消失，20多年过去了，美国境内的非法移民数量增至超过1100万，非法移民问题比当时更加突出，数量更多，解决的难度更大。代表不同阶层和不同利益的群体在围绕非法移民问题上的争议、对立和愤怒，正在撕裂着美国的社会，也在不断拷问着美国民众的内心和民主的制度，要继续开放美国的民主大门，还是要关闭他们心目中为世界引航的自豪灯塔？

业内人士认为，政府大赦并不能解决美国的非法移民问题：一方面，因为大赦而获得合法身份的移民，其亲属可以通过各种途径前来美国团聚；其次，大赦也会向更多的非法移民发出错误的信号，可以先来美国，然后等待美国政府大赦。

自2000年以来，美国国会每年都会出现大赦非法移民的提案，但是每年的提案最终都被否决了。纽约市立大学亨特学院邝治中教授认为，"关键问题在于，大赦以后，有没有把握新的非法移民不进来。否则，再过20年，又是新的非法移民问题。"

邝治中认为，目前在美国生活很久的非法移民，在社会从事底层的工作，对美国的经济复苏与发展作出极大贡献，美国政府应该让他们合法化，尽管对美国政府而言这一问题相当棘手。非法移民合法化问题，一定程度上也是一个道德层面的问题。

对于已经在美国的非法移民，我认为，美国政府应该给他们一条出路，至于这条出路是一条通向公民的道路，还是一条通向合法化的道路，需要民主党和共和党相互妥协，需要在自由和保守之间有所取舍，更需要在人道和法律之间进行权衡。

2014年2月27日，《美国基督教科学箴言报》报道说，皮尤研究中心一份全国性调查分析报告指出，接近四分之三的美国人认为，如果非法移民能够符合一定的条件，他们可以留在美国。但在给予非法移民公民权方面，支持者的比例大幅下降，仅有46%。[1]

报告认为，绝大部分的美国民众倾向于给予非法移民一条介于合法化和公民身份之间的"中间道路"。在加大遣返非法移民方面，53%的民主党人士认为，加大遣返力度是一件坏事，但55%的共和党支持加大非法移民遣返力度。但在非法移民合法化问题上，民主党和共和党支持者所持观点相似。民主党支持者中有81%赞同给予非法移民合法身份，共和党支持者中也有64%赞成这一观点。

---

[1] http://www.csmonitor.com/USA/USA-Update/2014/0227/Most-in-US-wouldn-t-eject-illegal-immigrants-a-minority-would-OK-citizenship

第四章　生育移民："我们要美宝，向着美帝前进！"

——移民美国的快车道

在美国，一家为赴美生子孕妇提供民宿的老板告诉告诉我："我们并不违法，美国有哪条法律说月子中心是违法的？"不过，他依然掩盖不了这样一个事实：不管是民宿，还是月子中心，都是游走于法律边缘的灰色地带。

　　赴美生子，民宿、月子中心、移民、美宝……几年前，这些还是相对陌生的字眼。如今，与之关联的赴美生子已发展成为一个相对成熟的产业。

　　为什么越来越多的中国孕妇选择到美国生孩子？在中国国内，赴美生子中介打出的广告词是："美宝，只需几万美金的付出，收益胜过抢银行"。赴美生子群体中，不乏中国的明星大腕儿，也不乏社会精英。简单而言，他们在中国国内的经济条件相对殷实，至少能负担得起，有能力、有条件着眼于孩子的未来，而在美国出生的婴儿也被称为"抛锚婴儿"。

　　在美国，一家为赴美生子孕妇提供民宿的老板告诉告诉我："我们并不违法，美国有哪条法律说月子中心是违法的？"不过，他依然掩盖不了这样一个事实：不管是民宿，还是月子中心，都游走于法律边缘的灰色地带。美国当地一些民众和组织也多次举行集会，反对大陆孕妇赴美生子，其中反应较强烈的是奇诺岗市的"Not in Chino Hills"组织。

　　据不完全统计，目前美国"抛锚婴儿"的数量约有400万，占全美新生儿数量的比例已超过5%。而是否要结束"出生地公民权"的讨论也总是伴随着"抛锚婴儿"的相关报道。"出生地公民权"的法律依据是美国宪法第14条修正案，但修宪在美国可不是一件易事，与之相关的争议也持续至今。

　　赴美生子，可以让孩子拿到美国国籍，直接绕开美国绿卡。大多数中国家长考虑的是孩子将来既能够在美国接受教育，节省一笔不小的开支，又让孩子多了

印弟安纳州双胞胎节

印第安纳州双胞胎节合影留念

一个选择，享受美国的福利待遇。有的家长甚至考虑，孩子21周岁以后，全家也可以办理依亲移民，定居美国。

不过，在实际操作中，赴美生子涉及赴美签证、找民宿或月子中心待产、去医院体检分娩、孩子出生后办理各种证件、弄清双重国籍，是否给孩子上户口、两国护照、旅行证等一系列问题。总之，想当美国人的爹妈是要付出代价的。

不过，不管是在美国，还是在中国，赴美生子越来越引人关注，甚至更有不少小孩儿，看起来长着一副中国面孔，实际上兜里揣着美国护照，正跟我们住在同一个社区，跟我们自己的孩子们一起玩耍。而这也不断撩拨着一些中国民众蠢蠢欲动的心，但留给我们更多的是反思。

第一节：揭秘赴美生子产业链

"生在这个国家（中国）是我的无奈，但我的孩子也生在这个国家，就是我的无能"……

"出生在美国就能拥有美国国籍，就是美国公民，无需等到18周岁以后，也不用像其他移民一样进行入籍考试和宣誓。美宝（在美国出生的宝宝）21岁以后，我还能依亲移民，美国物价便宜，即便是 Made In China，价格也更便宜，质量更好，因为一等品出口美国"，网名为"爱新觉罗—北京—11月飞"的准妈妈如是说。

"爱新觉罗—北京—11月飞"是一个赴美生子QQ群的成员名片名。按照群主的要求，目前在国内，打算赴美生子的群成员一般都要以"网名—来源城市—赴美日期"命名。如果已在美国，群成员则以"网名—在美城市—预产期"命名，方便沟通交流。

截至2014年3月11日，这一赴美生子的QQ群共有639名成员，2014年6月23日，该群成员达到988人。群首页上如是介绍：本群为计划赴美、在美待产、成功卸货的赴美生子人士提供经验交流，互通资讯。除互通信息外，群里还汇总了100多份赴美生子的资料，供准妈妈们下载，包括签证预约、美国海关过关注意事项、洛杉矶部分产科医院地址、电话及地图等。

如今在圈内，赴美生子已经有了一套相当成熟的操作流程，尤其是在美国西海岸加州洛杉矶。

在论坛中下载的一份赴美生子的"扫盲"资料中，有一段文字这样写道："赴美生子为哪般？谁能用一句话概括？更好的生存环境，干净的空气，无污染的水，没毒的奶，合格的食品，更好的教育，当然还有中国所不具备的民主自由……让下一代可以自由呼吸，拥有选举总统的选票，当然也有竞选总统的资格。"

且不说我本人是否认同这一观点，但这些文字确实道出了赴美生子家长们的一些想法。这些人大多不是我们所说的明星大腕儿，更多的只是一线城市的中产阶级。他们事先办好赴美旅游的签证，在美国找好月子中心，或是民宿，或借住亲戚朋友家，在美国的医院里生孩子，然后回国。有人把这种做法叫做"生育旅游"，也有人称之为"生育移民"。

美国采纳出生地原则确定在美国初生婴儿的国籍，即我们通常所说的"落地公民权"。1868年宪法第14条修正案规定："凡在美国出生或归化美国、并受其管辖的人，均为合众国和他们居住州的公民。任何州，都不得制定或实施限制合众国公民的特权或豁免权的任何法律；不经正当法律程序，不得剥夺任何人的生命、自由或财产；对于在其管辖范围内的任何人，不得拒绝给予法律的平等保护。"①

许多中国孕妇不惜远走他乡，在分娩的艰难时刻，漂洋过海抛锚美国生下宝宝。也有人将这些在美国出生的宝宝（美宝）形象地称之为"抛锚婴儿"。赴美生子QQ群成员米歇尔家住中国深圳，计划从香港转机直飞美国洛杉矶或旧金山生孩子。

米歇尔说，目前，孕妇入境香港很麻烦，有人建议他们从深圳蛇口码头坐快船直接去香港的机场，然后飞美国。否则被香港海关拦下之后只能回大陆，有一位孕妇怀孕刚满3个月，并不显怀，但在进入香港海关时被查了出来，据说是扫描体温时被发现，"孕妇的体温比正常人偏高"。

2012年，香港特首梁振英提出"零双非"政策，即：所有公立医院均不会接受非本地孕妇在2013年1月1日或以后的分娩预约，私家医院也一致同意不会接受"双非"孕妇在2013年的分娩预约。"双非"孕妇指的是夫妻俩人均非香港永久性居民的怀孕妇女。"零双非"政策实施以来，香港特区政府严查"双非"孕妇入境。

2013年2月20日，香港特区署理食物及卫生局局长陈肇始说，2012年，共有4202名无预约分娩的内地孕妇被拒绝入境，比2011年增加逾一倍。内地孕妇未有预约闯急症室及私家医院产子的个案也大幅下降，由2011年9至12月的每月平均150例，降至2013年1月份的仅22例。

香港"零双非"政策的出台实施，客观上迫使中国大陆孕妇另觅产地。在这一背景下，赴美产子越发流行，尤其加之《北京遇上西雅图》影片的热映，越来越多有条件的大陆孕妇考虑赴美生子。与香港产子相比，赴美产子的花销会大一些，但高投入也意味着更高回报，中介机构甚至打出"赴美产子投资回报超过抢银行"的广告。

在中国大陆孕妇赴美产子之前，台湾孕妇早已是先行者。早在二三十年

---

① The Fourteenth Amendment to the United States Constitution, Section 1

前，一些台湾民众为了躲避兵役移民美国，聚集在美国西海岸洛杉矶一带。·开始，他们只是接待自己的亲朋好友来美国生孩子，后来逐渐发展成一个产业。

最初，洛杉矶当地华人用自己的房子接待来美生产的台湾孕妇，即现在的民宿生子，再到后来，月子中心逐渐形成，赴美产子产业链应运而生。近些年，赴美产子的中国大陆孕妇数量激增。

通过这个赴美生子QQ群可以发现，计划或者已经赴美生子的中国大陆孕妇遍布中国各地，随便列举：单单—浙江—3.23飞，XY—杭州—1405LA，婷—备孕—北京，宝丁—上海—五月，查—LA—5.09，二马—宁波—5月，婕儿—重庆—7月飞，米歇尔—奇诺岗，MUMAMA—LA—5月，憨江—昆明—备孕……

在赴美生子的中国孕妇中，她们的一个共同点就是家境较好，甚至不乏一些富豪阶层。"有钱，我们就直接投资移民了，也不用这么折腾了"，网名为洛洛的准妈妈如是说。赴美生子群中，大多是企业老板、政商名流、医生、律师、教授、记者等高级白领，最起码也是中国的城市中产阶层，"这些人有点钱，有点闲"：除医疗费用外一些条件较好的月子中心需要20万人民币甚至更多；能够拿出至少3个月的空闲（产前两个月加产后一个月）。与偷渡来美的福建偷渡客不同，她们大多乘坐商务舱来美"旅游"，有老公或者父母陪同。

赴美生子的准妈妈中，有一部分人是来美生二胎。由于中国大陆实行计划生育政策，尽管"单独"二胎政策逐步放开，一些家境较好但不符合"单独"或"双独"的家庭希望能多生一个孩子，赴美生子也能避开计划生育部门的各种限制。

"一个娃娃太孤单了，给他生个伴儿……像我跟我老公，都是独生子女，从小都没有兄弟姐妹，包容性都会差一些"，一位来自成都的孕妇说。也有一位网友说，"我们这里罚的（钱）很多，很离谱，我就是为了躲避罚款才去美国生的"。

在中国大陆生二胎，如果是不在计划内，且不说准生证、上户口等一大堆难题摆在面前，等待你的还有巨额的罚款。与其缴纳罚款，不如用罚款给孩子换一个美国户口，这是不少赴美生子的准妈妈们的逻辑，也是赴美生子的一个重要推动因素。2014年年初，张艺谋夫妇因超生被罚计划外生育费及社会抚养费748.78万元人民币，也是赴美生子群里讨论的热门话题，甚至有一些人调侃道，"张艺谋真是冤"。

赴美生子，可谓是"蓄谋已久"，从获得美国旅游签证开始到入关美国都要"严遵医嘱"，如果委托中介办理，中介会为你介绍经验。如果自己处理，如今网上已有很多"通关宝典"。

通常情况下，中国准妈妈们在确定怀孕之后，立刻与美国驻中国的使领馆预约面签，避免签证官看出怀孕迹象暴露真实目的；最晚临产两个月前动身赴美，如果怀孕的迹象比较明显，赴美的日期需要提前以免入关时比较困难；入关时，最好身着深色上衣，臂腕上可以搭一件外套挡在肚子前。

在进入美国之前，要尽量隐瞒自己的"抛锚"目的。一旦顺利进入美国境内，提前预订的月子中心会派人接机，随后的工作将交由月子中心负责。目前，美国国内的月子中心主要集中在西海岸的加州洛杉矶、旧金山和东海岸纽约华人相对集中的地方。

2012年2月14日，美国驻华大使馆宣布对华实施放宽签证新政，为中国增发40％旅游签证并开放10万个新签证面谈机会。

时任美国驻华大使骆家辉说，包括旅游在内的7类赴美签证如果失效不足4年，持有人再次申请同种类的美国签证免面谈。签证新政大大便利了中国的游客。数据显示，2011年，中国内地申请美国非移民签证的人数达100万，增幅达三分之一，共获颁90万个签证，签证通过率为90％。业界认为，新政对中国游客和中美旅游行业都是利好。

但是，令他们万万没有想到的是，赴美签证放宽也为准妈妈们赴美提供了更多便利，顺便可以把最有纪念价值的"美宝"带回家。获得赴美签证以后，准妈妈们就着手准备联系在美国的民宿或是月子中心，或是自己租房，借宿亲戚家，总之解决在美国的吃住问题。

在百度键入"洛杉矶"和"月子中心"两个关键词，搜索出来的相关词条有80多万。进入洛杉矶华人资讯网，搜索月子中心，你会发现相关的分类信息：月子中心、赴美产子、美国生宝宝、洛杉矶月子中心、民宿、家庭式月子……

按评分排序：好"孕"妈咪待产月子民宿、加州宝贝月了会所、美豪精品月子会所、丽苑高级月子会所、美尊宝VIP月子中心、爱宝月子中心、洛城驿站、嘉惠母婴护理中心、喜瑞都国际月子度假会所、Usabbvip Super DIY、瑞亚月子中心、洛城天使中心、美国欢乐月子护理中心、奇哥月子中心……

美诗精致母婴会所、莎莎月子会所、孕英月子中心、美洛园月子会所、雀儿喜到府月子、美国洛杉矶润宝月子中心、新泽西长河月子中心、星星月子护理中心……关于月子中心的数量，眼下没有专门的机构统计，保守估计仅在加州至少有几百家。

如同赴美生子QQ群一样，我所了解的就有6个QQ群，人数最多的一个群成员有1000人，且因人已爆满，感兴趣的人需要另入新群，赴美生子市场需求极大。一名管理员给我留言："您好，我们可以解决从代办签证开始整个赴美生子的所有问题。"

无疑，准妈妈从代办签证开始，到赴美生子，已形成一个完整的产业链，上下游兼顾。在中国大陆，美国当地一些月子中心在中国北京和上海等城市开设代理中介机构。月子中心之间的竞争也比较激烈，甚至出现为了争客户雇佣"水军"，在网络上抹黑对方和向警方举报搞垮对手的行为。

除月子中心提供食宿、看护、生子服务外，赴美生子的准妈妈们也需要联系医院和医生，大多数月子中心会"推荐"相应的医院和华人医生，进行产检和最终的分娩。除此之外，处于赴美生子产业下游的还有相关的配套服务，如中介为美宝代办证件服务、当地华人提供租车服务，方便赴美生子的群体旅游和购物等等。

赴美生子论坛资料显示，赴美生子的准妈妈经常选择的医院包括（尽管译名不一定准确，但这些医院已为业内熟知）：

"洛杉矶县（Los Angeles County）惠提尔市（Whittier）的长老教会医院（Presbyterian Intercommunity Hospital）和惠提尔医院（Whittier Hospital Medical Center）

洛杉矶县阿卡迪亚市（Arcadia）的美以美医院（Methodist Hospital）

洛杉矶县蒙特利公园市（Monterey Park）的嘉惠尔医院（Garfield Medical Center）

洛杉矶县圣盖博市（San Gabriel）的圣盖博医院（San Gabriel Valley Medical Center）

加州橙县（Orange County, California）加登格罗夫市（Garden Grove）的园林医院（Garden Grove Hospital and Medical Center）

橙县安纳海姆市（Anaheim）的威仕顿医院（Western Medical Center）"

孩子平安出生以后，赴美生子的妈妈们需要为美宝办理包括出生证在内的各种证件。证件齐备，大多数妈妈们将打道回府。回国以后，有的月子中心还会提供在美代购业务，包括代购美国奶粉和其他美宝的生活用品等。

按照中国习俗，产后坐完月子，妈妈们将踏上回中国的航班，襁褓中的美宝，也会跟随妈妈回到中国，很少有人会选择一家"黑"在美国。其实，不用很久，或许不到两年，一些美宝将再次踏上回美国的航班……

第二节：月子中心：游走于法律边缘的灰色地带

整个赴美生子过程中，找一家称心如意的民宿或是月子中尤为关键。但目前，美国的月子中心良莠不齐，如何选择一家靠谱的民宿或月子中心，成为拿到赴美签证的准妈妈们关注的焦点。

一般情况下，民宿指的是房东为赴美生子的孕妇提供住宿服务，包括家具、床褥和餐具。美国的房子大多是独栋房屋，有的民宿房东自己住一间，然后把其余房间分租给待产的孕妇。也有一些民宿老板根据孕妇需要，提供产检接送、超市接送、包餐、办理证件、接送机服务等，费用按照双方事先的约定收取。

相对民宿来说，月子中心的规模稍大，往往是一座独栋的房屋，或是月子中心老板租公寓提供给孕妇，采取"套餐"收费方式，包括孕妇待产和生产的吃住行、月嫂服务，后期还有月子中心的"对口"机构办理新生儿证件。孕妇相对省心，但费用比民宿高不少。

"幸运民宿欢迎您！4月特价优惠预定中！先到先得"，我按照发布在互联网上的一则广告拨通了一家民宿的联系电话。接电话的是一位王先生，来美国之前生活在中国东北长春，现在美国有两套独栋房子，为大陆孕妇提供民宿服务。其中 套位于天普市（Temple city），与阿卡迪亚市仅有一街之隔。

"我这边有好几套房间，他要几套？"王先生操着一口东北腔问我。

"我朋友是11月份预产。"

"那他准备6月份过来，是吧？"

"差不多吧"，我回答。

……

"我们一套（房子）最多住三位孕妇，平时住两位孕妇，因为要保证大家的休息和安静，做饭也要穿插开来。"

"吃饭自己解决，我们只提供住宿。她们可以自己租车，也可以打电话叫华人出租车，这边华人出租车很多，很方便。我们做民宿很久了，有一位孕妇跟我们（房东）一起住。"

"平时（孕妇）产检我们都包括了，用车也就是去购物，我们这里离超市很近，走路都能去。"

"你们的收费标准多少？我朋友来大概住三个月，产前两个月，产后一个月。"

"我们根据不同的市场需求，收费分好几种，（月租）有2000（美元）的，1800的，1600的，1400的，还有1300的。"

"2000的与1300的区别在什么地方？"

"一是面积不一样，二是是否拥有独立卫生间，还有床大小也不一样。2000的床是King Size， 1300的是 Queen Size。你要是方便的话，替你朋友过来看一下也行。平时我们去Costco（超市）或者是附近的公园，也会问一下她们（孕妇），要不要跟我们一起去玩。"

"2000的房间大概有40平米，有独立卫生间，独立的淋浴和按摩浴缸。"

"我们办了好几年了，各种设备都很齐全，我们家以前是办月子中心的。后来因为太累了，很辛苦，太操心，不做（月子中心）了。"

"（民宿）这个你就只管住，吃她们自己解决了，你自己喜欢吃什么做什么，月子中心你还要包人家吃啊，出去玩啊，很辛苦。还要提供照料婴儿的服务，我们（民宿）没有这个，如果（孕妇）需要我们协助找保姆，没有问题，我们手头上有很多资源。"

星条旗随风飘扬

"我们还有合伙人上门为宝宝提供办证服务，办证大概200多块（美金），七八天就能出来。"

"你们需要付定金吗？大概多少钱？"

"要付定金，300块（美金）。比如说，你付了定金之后发现，这里的条件与照片不符，或者与我们说的不一样，要走，我们会把定金退给你，不会为难你。你看好了，就住下；你认为条件不好，那你就走，不然以后大家住在一起都是矛盾，我们比较人性化。"

"定金不退的情形是，比如说，你朋友付了定金，但自己最后决定不来美国生了，那么对不起，定金退不了，因为我已经给你留房了。"

"月租怎么付啊，到美国带现金有数额限制。"

"房租和押金可以在（中国）国内付，走支付宝，我们家比较方便，或者打到我的银行卡上都可以。"

"你们国内有代理机构吗？"

"没有，国内是（把钱）打到我家人账户上，我妈妈的账户。"

"我朋友担心，民宿或者月子中心被举报，警察查，然后没有地方住，你们遇到过这种情况吗？"

"你（孕妇）违法吗，你贩毒或者倒卖枪支吗？你有什么可怕的呢？我们不是月子中心，我们就是普通的短租房。我跟你说，即使是月子中心，也没有违法的条文，美国有哪条法律说月子中心是违法的？美国人坐月子吗？美国人不坐月子，说是月子中心违法，都是商家炒作手段。"

"第一，你不违法。第二，你来美国生孩子，给美国政府增加负担了吗？没有吧，一你没有申请美国的白卡（联邦医疗补助），二没有在美国实施犯罪。如果你在这边闹事，触犯美国法律，或者说在我们家住，不遵守我们的规定，那没有办法，对不起，我请你出去。"

"你朋友可以在网上看到我家的照片。"

"我们家门口有很多饭店，有川菜、山西面馆、粤菜，还有东北风味，在我们家这边吃什么都方便，你应该听说过阿卡迪亚吧，我们家处于天普市与阿卡迪亚交汇的地方，很方便。"

"你之前也做过月子中心，月子中心与民宿，差别在什么地方？你们只提供住宿，不提供伙食，孕妇会不会不方便？"

"不见得。比如说，月子中心提供伙食，他做什么，你吃什么。你今天如果没有胃口，不想吃这个，那你饿着？这是第一点，月子中心提供的食物不一定符合你的口味。住民宿的好处在于，你想吃什么，自己就做什么。"

"第二点，保姆服务，月子中心提供的保姆服务基本上都差不多，因为月子中心需要照看的孩子太多了。我们虽然不提供保姆服务，但是我们可以帮你找保姆，你要知道，（月子中心）一个保姆照顾6个孩子，对比（民宿）一个保姆照顾一个孩子，哪种情况会更好一些？"

"第三点，住民宿跟月子中心相比，价格差别太大了。找一个好一点的月子中心，3个月时间要3万美金左右。住民宿的话，我们只给你提供住宿，服务你自己随便找，找你自己舒心满意的。3万美金属于中高档价位，便宜的也有，但服务质量肯定跟不上，在美国，都是明码标价，一分价钱一分货。"

"在美国，不管什么，包括人工在内，都认钱，钱给到位，服务就到位。另外，美国这边的保姆跟国内没法比，比如说，在国内珠海等地方的一些保姆，她们做得很好，如果你以那个标准要求美国的保姆，那估计你就没法活了。"

"在阿卡迪亚，交通也比较便利，乘坐公交车可以逛商场，去医院，很方便，美国的公交车跟国内没法比（不是特别便利），但我们这边的公交车方便程度在洛杉矶算是数一数二的。"

"我们家，我平时上班，只有老婆孩子和岳母在家，关系很简单。现在空出来一个主卧，所以想租出去。图片你在网上能看到。你朋友预产期11月份，可能9月份能过来，但在这之前我们肯定会租出去，不可能等她那么久。"

"这么抢手吗？"

"当然。你来洛杉矶之前给我电话，或者让你洛杉矶的朋友过来看一下，都没问题。"说完，王先生匆匆挂断了电话。

在美国，由于洛杉矶分娩的医疗费用相对较低，华裔妇产科医生多，气候适宜，从中国大陆直飞美国的航班多，所以来自大陆的准妈妈们大多愿意前往洛杉矶待产。洛杉矶的民宿和月子中心也因此比较发达。

由于文化背景不同，美国人分娩之后不坐月子，所以月子中心不能申请业务执照。

因此，洛杉矶目前大多数月子中心基本属于无照经营，一些商家为了获得更多利润，招揽更多孕妇，违章改建房屋，甚至安排多名孕妇和婴儿同住，存在严重的安全隐患。另外，由于没有相关执照，月子中心的运营主要是现金交易，涉嫌偷税漏税，游走于法律的灰色地带。即便是一些声称具备相关执照的月子中心，也是"挂羊头卖狗肉"。

业内专家表示，月子中心主要提供以下服务：住宿、餐饮、照顾婴儿。

如果提供的上述服务均在美国相关部门合法注册，那么月子中心在法律上是合法的，反之则违法。据了解，在美国，如果要提供住宿服务，土地的使用性质也必须是商用，即便是寄宿家庭，也需要申办相应执照，如果个人作为业主租赁给住户，要签约报税。如果要提供餐饮服务，需要申办酒店或者饭店牌照；如提供婴儿照看服务，需有医生或护士等专业人士挂牌设立专门的婴儿看护站。

眼下，美国的一些月子中心，根本不是商业性用房，没有营业执照，却提供寄宿家庭服务，有的甚至将车库改建成房间，让孕妇入住，没有经营餐饮资质，却向孕妇们提供收费餐饮服务，同时还提供看护婴儿的服务，涉嫌严重违法，因此出现月子中心被当地执法机构查封的事情根本不足为奇。

由于大多数准妈妈初到美国，没有信用记录，自己租房较难，而租期一般要一年，一些房子甚至没有家具。即便你租到了房子，租车、买菜、做饭……对于一个孕妇而言很难搞定，这使得赴美生子孕妇DIY的方式几乎行不通，除非有家人陪同。

民宿或月子中心也因此大行其道。不过，准妈妈们的通常做法是到美国之后先在酒店住下，联系好司机，然后让司机带着自己逐一考察，最终选择一家靠谱的机构。

来自中国江苏无锡的网友麦肯说，"我在网上问了很多家月子中心，感觉还是不怎么靠谱，毕竟要交的钱不是少数，要是月子中心不好，妈妈和孩子都受罪，所以我决定到了美国再实地考察"。

麦肯在赴美国生子论坛上查到很多民宿和月子中心，但跟好多来自中国的准妈妈一样，心里一点儿也不踏实。所以，不少准妈妈们先到美国洛杉矶，实地考察之后再决定选择民宿还是月子中心。

不过，眼见也不一定为实。即便一些月子中心让你去参观，你能见到的充其量只是"样板间"，实际服务水平仅靠观察是不够的。"我想到了当地，租辆车，多约几家，然后慢慢看"，麦肯说。

位于南非约翰内斯堡的群友Ina也说："我打算在网上联系一下月子中心和民宿，再选择几家靠谱的，然后到了美国之后一家家联系看。跟他们说好，不提前订，考察完毕再订，这样一些中介就不太敢吹牛了。"

如何寻找月子中心，一些网友给出攻略：坚持"先住酒店、实地考察、眼见为实、住下后再付款、别瞎给定金"。一名网友以经验之谈告诫准备赴美生子的孕妇们，切记一次性付款，以免上当受骗。

"如果还没有考察清楚，这么多钱甩出去，你放心吗，甩出去之后，你的地位和说话的底气就少了，那群人（民宿或月子中心老板），不少是国内的失败者（Loser），庇护在美帝，目的是为了赚钱，不宰你宰谁？"

第三节：Not in Chino Hills

Chino Hills，中文译名奇诺岗，是美国加利福尼亚州圣伯纳迪诺县辖区的一座小城市，2010年人口统计数据显示，奇诺岗下辖人口7.4799万。2008年，在美国联邦调查局关于最安全城市（治安最好）的排名中，奇诺岗排名第13位。2012年，奇诺岗在《Money》杂志"2012全美最宜居城市"的评比中位名列第34位。

奇诺岗是一座新兴的城市，是继钻石吧（Diamond Bar）、核桃市（Walnut）之后又一个华人比较集中的城市，当地媒体称华人在总人口中的比例占到15%至20%。而在西班牙语中，"Chino"的意思是"中国人的"。

奇诺岗，宁静而美丽，平原丘陵兼具，牧野绿荫扶疏，位于洛杉矶县、橙县、河滨县和圣伯纳迪诺县交界处，景色壮丽宜人，辖区内共有大大小小的公园38座，吸引了不少白领新贵入住。

最近一些年，奇诺岗也成为中国大陆孕妇赴美产子比较热衷的目的地。2013年年初，奇诺岗市政府执法人员接到举报，随后搜查了一栋位于伍德格伦大街的豪宅。执法人员发现，这栋位于山顶的豪宅原来是一个接纳中国大陆孕妇生子的月子中心。

执法人员在行动中发现，这栋豪宅建造于1974年，原本只有7间卧室，但豪宅的主人将其隔成了17间卧室，各带独立卫生间，其中10间租给了来自中国大陆的孕妇居住。房间内部条件堪忧，一些电线裸露，没有烟雾报警器，存在安全隐患。

另外，执法人员还在房间里发现了一些宣传册：如何生一个美国宝贝：美国洛杉矶爱玛仕国际俱乐部指南。一名孕妇告诉执法人员，她每天向房东支付150美元。此外，一张写给孕妇的收据显示，这名孕妇共向房东支付2.7万美金，居住期限为几个月。

《洛杉矶时报》援引庭审文件报道，豪宅的主人根本就没有拿到重新改造建筑的许可，更没有获得经营月子中心的许可。豪宅在改造后并不具备完备的下水系统，而是使用后院的一个化粪池。

2012年9月，由于豪宅主人疏于管理，化粪池内的大约2000加仑的粪污溢出，顺着山势流向当地社区，暴露了月子中心的实情。社区民众恍然大悟，才意识到这原来是为孕妇提供服务的月子中心，孕妇们来美国的目的就是为了让孩子拿美国籍。一开始，一些当地社区民众看到挺着大肚子的孕妇进进出出，误以为这是一个人口贩卖集团，从事非法贩卖婴儿的勾当。

也有居民抱怨，月子中心的车辆在社区内超速行驶，不遵守交通规则，给她们带来了安全隐患，最后才向奇诺岗市政府举报。

2012年12月，恰逢奇诺岗市议员选举，奇诺岗市一名名为罗萨娜·米切尔的律师"响应民意"，成立了非政府组织"Not in Chino Hills"，反对中国大陆孕妇来美国生孩子，而米切尔恰好也参选当年的市议员。

12月初，"Not in Chino Hills"在奇诺岗市发起了针对月子中心的抗议活动，声势浩大，不断吸纳新会员加入。米切尔在接受当地一家电视台采访时说，经过她的调查，月子中心现象并不仅仅局限于加州奇诺岗，在全美都存在这种现象。

在Not in Chino Hills官方网站上有许多链接，主要是美国媒体有关中国孕妇赴美生子拿国籍的报道，其目的在于寻求美国民众支持，并给出"致参议员的一封信"模板，呼吁民众写信给参议员，关注生育移民，敦促奥巴马政府推行移民改革，堵住生育移民的漏洞。

SAMPLE LETTER TO SENATORS

Dear Senator

My name is _____. I am a register voter and I am asking you to bring to President Obama's attention Birth Tourism. We cannot continue to allow individuals to take advantage of our country because of the loop hole in the 14th Amendment on birth right citizenship. People from other countries are being allowed to buy their citizenship. Maternity hotels have become an epidemic in the State of California. We need immigration reform to close that loophole. There must be tougher penalties for those who lie on their tourist visas and tougher criminal penalties for the business operators that provide substandard living conditions to the mothers and babies coming from foreign countries. I don't believe that was the intention of the 14th amendment. This is not the American dream.

Sincerely,

_____

Print name

2014年3月24日，我采访到了奇诺岗市华美协会会长廖伟民。他在接受采访时说，2012年，中国大陆孕妇到奇诺岗市生孩子的状况达到了顶峰，成为媒体关注的焦点，但如今已经相对淡下来，只剩下一些隐蔽运营的月子中心和民宿。

廖伟民说，奇诺岗市的这家豪宅改建而成的月子中心不符合卫生标准，触犯了社区的公共卫生条例，违反了美国法律。该月子中心声称有专人提供看护婴儿的服务，但实际上根本不存在，尤其是化粪池事件更是引起了社区民众的公愤。

本来这种化粪池要两三个月时间清理一次，但这家豪宅的主人没有采取相应措施，"导致社区道路上到处都是粪便，干扰了别人的正常生活"。另外，奇诺岗是一个很清净的城市，"17名孕妇在那里走来走去，跟着车子进进出出，引起邻居不满，最终遭到投诉"。

经查实之后，奇诺岗市政府勒令这家月子中心停止运营。

即便在2012年大陆孕妇来奇诺岗的高峰时，廖伟民说，据他了解，奇诺岗市共有大约五六家月子中心，其实总人数并不是很多，不过考虑到奇诺岗人口不足8万人，五六家月子中心也足以引起注意。

2012年，中国大陆孕妇到奇诺岗市生孩子备受媒体关注的另外一个重要原因是月子中心牵涉到了政治。"Not in Chino Hills"的创立者之一米切尔就是拿这一话题做文章，刺激选民投票，不过由于她的观点太偏激了，最终没能如愿，"她是一个纯粹的政客，为了选票，什么话都讲得出来"。

廖伟民认为，孕妇没有错，孩子更没有错，错在月子中心违规经营。月子中心的经营者为了赚钱不择手段，不依照美国的法律办事，"你做生意不能在（居民区）私人家里做，应该在划定的商业区内"。

"美国不像中国，在美国，一个房屋能住几个人，在建筑规章制度里都有明确规定。比如，这家月子中心，原本划定7个房间，你不能改成17间，让20个人住在那里。另外，他们对外宣传有专业护理人员，但实际上并没有。"廖伟民说。

"其实，对于大部分美国人来说，如果你依法做事，没有人反对，包括月子中心，但是有一些来美的中国人，认为有钱一切事情都能搞定，大声喧哗，素质低下，致使一些美国人对中国人产生了偏见"，廖伟民说。

廖伟民出生于中国重庆，用他自己的话说，他是"两岸四地"人，生于重庆，漂到上海，然后求学香港，读完小学、初中和高中，随后漂到台湾念台大（国立台湾大学），随后到美国，然后又回到中国天津南开大学读博士，1963年再次来到美国。

廖伟民说，奇诺岗市环境优美干净，全市共有38座公园，市政府每年都划拨专项资金清理公园，算到每家每户约有500至600美元，"正因为此，奇诺岗市被越来越多的中国人看上"。其实，奇诺岗市出现的月子中心，充其量只能算是个案，并没有像有些媒体报道得那样市政府进行大规模清查。

不过，奇诺岗当地一些立场比较保守的居民认为，接纳中国大陆孕妇到美国生孩子，月子中心其实是在兜售美国国籍，并给美国国籍贴上了价格标签。其实，这只是其中的一方面，赴美生子的准妈妈们眼中可不仅仅是美宝，还有美国今后的免费教育、美宝21岁之后的依亲移民等。

廖伟民说，人往高处走，水往低处流，中国大陆孕妇来美国生孩子没有错（Nothing Wrong），大部分美国民众对中国大陆孕妇并没有敌意，"美国人民是最包容的"，如果中国大陆孕妇们到艾奥瓦州等一些小地方，"她们会被欢迎得一塌糊涂"，因为来美国生孩子的大陆孕妇都具备一定的经济基础，能有力地拉动当地经济发展。

"我听说，每位孕妇来到奇诺岗，（月子中心）能赚到两三万美金，这也太过分了，一个月1万美金，比住旅馆还贵"，廖伟民说，"所以说，月子中心是一个暴利行业，既然你是暴利行业，就应该提供好的服务，尤其服务对象是需要照顾的孕妇，但听说很多孕妇都抱怨，吃不好，住不好，玩不好。"

化粪池事件后，奇诺岗市的月子中心平静了相当长一段时间。2014年6月，反对月子中心的呼声再起。50多名奇诺岗居民举行集会，签署抗议书，反对月子中心扰民问题。集会组织者表示，他们将把抗议书递交给市议会，希望能通过立法的途径，禁止月子中心进驻，还民众一个安静的社区。

参加集会的市民克莱格说，近年来，不断增多的月子中心给附近居民带来了很多烦恼：婴儿日夜哭闹，严重影响休息；大量尿布塞满了社区的垃圾桶；来来往往接送孕妇的车辆速度快，频繁出入小区，威胁到附近居民安全，干扰了他们的正常生活。

这一集会抗议的组织者仍是米切尔，而她仍然是新一届的市议员候选人。

米切尔在接受美国当地媒体《星岛日报》采访时说，因为美国联邦法律并不禁止孕妇进入美国，所以只要不是通过欺骗手段获得签证，都可以在美国生孩子，但这些孕妇来到奇诺岗干扰了当地民众的正常生活，那么民众也有权利捍卫自己的家园。为此，希望市议会可以制定明确的法律或条款限制月子中心入侵。

美国国家卫生统计中心（National Center for Health Statistics）数据显示，2000年至2006年，非美国籍母亲在美国分娩的新生儿数量增长了53%，而在此期间全美新生儿增长率仅为5%。美国广播公司报道说，除国际游客、在美国就读的外国大学生外，一些人是专门为了让孩子获得美国公民身份而来，即所谓的生育移民。

数据显示，2006年，全美新生儿数量为427.3225万，其中7670名新生儿的父母并非在美国居住。尽管缺乏足够证据和专门统计，但毫无疑问其中很大一部分新生儿是赴美生子的产物。

最近几年，许多来自墨西哥、韩国、中国大陆和台湾的孕妇来到美国生孩子。从法律层面而言，美国目前的确也没有专门的法律规定禁止孕妇入境。

但是，反对赴美生子的声音不绝于耳。赴美生子获公民权的法律根据源于美国宪法第14条修正案。这一修正案阐明了"落地公民权"，即凡是出生在美国的人，不管父母身份是否合法，均是美国公民（外国驻美国外交官所生子女除外），这是美国宪法赋予的一项权利。如今，这也成为了美国移民改革争论的焦点之一。

在历史上美国最高法院曾作出过一系列裁定，认为非洲裔美国人不能算作美国公民，而要推翻以前的裁定，普通立法途径行不通，只能通过宪法修正案。1865年，美国内战结束。1868年7月9日，宪法第14条修正案在国会通过，从宪法上正式承认了非洲裔美国人的美国公民身份。

宪法第14条修正案第一款规定："凡在美国出生或归化美国、并受其管辖的人，均为合众国和他们居住州的公民。任何州，都不得制定或实施限制合众国公民的特权或豁免权的任何法律；不经正当法律程序，不得剥夺任何人的生命、自由或财产；对于在其管辖范围内的任何人，不得拒绝给予法律的平等保护。"

美国2012年总统选举——选民在芝加哥密歇根大街的一处投票点咨询和投票。

美国宪法第14条修正案主要针对的是黑人公民权问题，其实在当时也有过针对移民的讨论，例如在美国中西部修建铁路的中国移民，国会在辩论第14条修正案时讨论过出生地原则是否应该扩大到外来移民，但由于移民问题不是讨论的重点而最终被搁置。

为了堵住落地公民权原则存在的漏洞，一些共和党人主张修改宪法，但是在美国，宪法修正案必须经由国会参众两院三分之二的议员通过，然后交由50个州中的四分之三批准，才能生效。一些历史学家说，在美国200多年的历史上，修宪的提案多达上万个，但只有27个修正案最终获得通过，可见修宪的难度。

美国社会和文化保守派人物代表、作家帕特里克·布坎南在他的《紧急状态：第三世界对美国的入侵和占领》一书中写道：

解决"抛锚婴儿"的问题并不难，但这需要国会鼓起勇气。"国会应该打破沉默，通过一项法律，阐明非法移民所生的孩子并不是美国公民，因为他们的父母并没有让自己处于'受其（美国）管辖之下'。"这样一项法律将杜绝滥用美国宪法条文和精神的情形，降低外国女性到美国生孩子的吸引力，仅仅在过去的几十年中，为纳税人节省的美金将数以千亿计。①

不过，一些民主党人对生育移民所持的态度相对宽容，认为即便是赴美生子的父母并非美国公民，甚至是非法移民，如果不给他们美国身份，可能会产生很多新问题，对美国的社会、经济和文化都会产生不利影响。

目前，美国是全球为数不多的实施"落地公民权"的国家，英国、爱尔兰、印度和澳大利亚等国均已修改了相关政策，取消了落地公民权原则。

可以说，生育移民晃动了美国的"落地公民权"原则，而围绕这一问题的争议仍在继续，关于修宪的辩论也不曾中断。当然，中国大陆的孕妇们也从未停止过赴美生子的脚步……

第四节：当美国人他爹：你准备好了吗？

自美宝在美国呱呱坠地那一刻起，他的头上就如同笼罩着一个光环——持有美国护照，进入全球约160个国家免签或享受落地签待遇，享受美国政府提供的社会福利，较同龄中国人更容易进入位于美国的世界一流大学，可以申请只对美国公民开放的助学金、将来在美国工作不必有拿"绿卡"的困扰，拥有选举和被选举为美国总统的权利，21周岁以后父母可以申请依亲移民美国……

这一切都与美国的国籍相关，也是中国大陆孕妇们前赴后继到美国生子的诱因。不过，当美国人的爹也要付出代价的。

首先，从生美宝说起，从决定赴美生子那一天开始，你就要在思想上和经济上有所准备：面签时要让美国驻华使馆的签证官相信，赴美是为了旅游，而不是到美国"抛锚"生孩子，否则被拒签的可能性极大。

因此，有的大陆孕妇故意绕道美国赌城拉斯维加斯，然后往西行进至洛杉矶等地。如果顺利拿到签证，入美国海关时，也要有所遮挡，"演技"加运

---

① Patrick J. Buchanan, State of Emergency: The Third World Invasion and Conquest of America,（New York: St. Martin's Press, 2006），P. 259.

气，才能顺利入关。

入关以后，要解决吃喝等生活问题，找民宿或月子中心，除非事先都已安排好。如果找到了满意的月子中心，每天晒晒太阳吹吹海风待产，那么你是幸运的。倘若月子中心违规经营，你要祈祷这家月子中心的老板与邻里关

现在不少大陆孕妇为了方便入境，纷纷选择从拉斯维加斯入关，以旅游为名进入美国。图为拉斯维加斯街景

系融洽，不会发生化粪池外溢事件，最起码不被邻里举报，而面临被执法人员清查的问题。

即便如此，也不敢保证月子中心的同行不会出于恶性竞争而采取的下流手段——恶性举报。如果月子中心一不小心被查封，孕妇们挺着大肚子四处寻找新住处，处境艰难可想而知。绝不是危言耸听，这可是一些赴美生子孕妇们曾经的悲惨遭遇，假如再遇上一个抠门、难以相处的月子中心老板，那么赴美生子的遭遇注定会让你终生难忘。

尽管准妈妈们的家境相对殷实，但赴美生子的隐性花费也比较多，需要有所准备。

一般条件较好的月子中心，赴美生子的花费约3万美金，但不包括医院的费用，如果原本预期的顺产改为剖腹产，生产费用会高出很多，遇上紧急情况，新生儿需要用保温箱，医疗费用会相当高，甚至也会出现天价医疗账单的事情。

一些月子中心为了招揽更多的顾客，隐瞒可能性支出。一旦出现这样的问题，赴美生子可能变成一场万劫不复的噩梦，准妈妈们需要将这一部分支出纳入赴美生子的预算。

其次，美宝出生以后，需要办理种类复杂的各种证件、进行儿科检查等。一位美宝妈妈说："美宝的中国旅行证每两年都要更新（后面会具体讲述），

纽约大学一瞥

美国护照也需要每5年更新，每过几年，就需要带着孩子到美国更换证件，如果再带孩子在美国走走看看，也会花费一笔不小的费用。"

受教育问题是中国父母比较关心的问题，也是美宝们面临的重要问题。在美国，公民可以享受从小学到高中的免费教育，但美国的学前班费用可不是免费的，以我熟悉的芝加哥地区为例，条件相对不错的私立幼儿园，每月费用1000多美元。据了解，大多数美宝出生以后都跟随父母回到中国。

回到中国后，美国国籍的身份在中国现行的教育体制下将会产生一笔不小的额外费用，幼儿园、小学、初中和高中，赞助费、借读费，你准备好了吗？选择私立学校，或双语国际学校，费用原本就不菲。

当然，也有的父母依靠关系，托人给美宝在中国落上了中国户口，你可能意想不到，一旦落上中国户口，除非是计划生育政策允许范围内，如果超生，等待你的可能还有高额的社会抚养费罚金。让人咋舌的高额罚款，单位或者公司的行政处罚，都可以让你赴美生子的美梦破灭。

为了不让美梦幻灭，大多数美宝的父母都在努力维持着美宝的美国身份，哪怕困难再多。且不谈带美宝回国之后的事情，要把孩子顺利带回家，就需要搞定护照和签证问题。

中国驻美国大使馆官方网站领事证件须知规定：根据《中华人民共和国国籍法》，父母双方或一方为中国公民，本人出生在外国，具有中国国籍，前往中国时应申办中国旅行证件；但父母双方或一方为中国公民并定居在外国，本人出生时即具有外国国籍的，不具有中国国籍，前往中国时应申办中国签证。[①]

申办中国旅行证所需材料如下：

1. 如实、完整填写《中华人民共和国护照/旅行证/回国证明申请表》1份（可由儿童父母代为填写并签名）；

2. 近期（半年内）正面免冠彩色半身证件照片（光面相纸）4张。照片尺寸为48mmx33mm，头部宽为21mm–24mm，头部长度为28mm–33mm，背景为白色或淡蓝色；

3. 儿童出生证原件及复印件；

4. 父母双方有效护照或其他可证明国籍身份的材料原件及复印件（包括带照片资料页、曾办理过加注或延期页、来美签证相关页、最后一次离开中国的出境验讫章及入境美国的入境验讫章页）。如父母一方不在美国境内，须提交其有效护照（或户口本、居民身份证等）原件和复印件及所在国家居留证件原件及复印件。

5. 父母结婚证原件及复印件（如有）；

6. 父母双方在美或其他国家居留证件原件和复印件（如有）。

具体申请方式：儿童父母双方或一方须携儿童，根据在美居住地，按中国驻美国大使馆、总领馆领区划分，亲自到使领馆办理。如父母一方不能前来，须提供由其签署并经当地公证机构（如在中国境内，须经中国公证机构）公证的同意由配偶为该儿童办理旅行证赴华的书面声明。

旅行证和护照的不同之处在于：中华人民共和国旅行证是护照的替代证件，发给不便或不必持用护照的中国公民。如无特殊加注，旅行证均为两年内多次往返中国有效。护照和旅行证均不能延期。如申请获得第三国签证，旅行证持有人可以前往第三国旅行。旅行证办妥一年后未取证者，证件将被作废销毁，并将可能影响申请人下次证件申请。

根据中国现行政策规定，凡是在美国出生的孩子，如果父母双方或一方持有美国绿卡或是美国公民，其子女进入中国需要签证。如果父母双方均不是美国公民，也没有绿卡，在美国出生的子女进入中国不需要办理签证手续，但需

---

① http://www.china–embassy.org/chn/ywzn/lsyw/gzrz/zn/t710848.htm

要申请中国旅行证。

针对赴美生子的准妈妈们对中国旅行证存在的种种疑问，我专门采访了（时任）中国驻芝加哥总领馆签证组组长张明。

问题一：在美国出生的孩子，父母双方都是中国公民，可不可以向中国驻美国使领馆申请中国护照？

张明说，因为这些孩子都有美国护照，所以"中国护照不能给，都是给旅行证"。

问题二：申请中国旅行证前提是持有美国护照吗？

张明说："不是，因为按照美国的相关法律，任何人在美国出生就是美国公民。如果他有美国护照，要出示护照，我们也会看，但是，我们是依据《中华人民共和国国籍法》认定他的国籍，颁发中国旅行证，跟美国发不发给他护照没有关系。申请时，在是否加入外国国籍或持有外国护照那一栏里，要如实说，但是我们发我们的，美国（方面）发美国的。我们有我们的法律依据，他们有他们的法律依据，即便你有美国护照，也不会影响你申请中国旅行证。"

问题三：中国旅行证是中国护照的替代文件，为什么不给在美国出生的孩子直接颁发中国护照，而是中国旅行证呢？

张明说："直接给他们中国护照，就相当于承认他的双重国籍了，我们（中国）国籍法不允许双重国籍。中国旅行证，相当于做出一个特殊的安排，作为一个缓冲带，小孩子成年的时候选择加入中国国籍或美国国籍。如果小孩子（父母）到领馆（申请证件时）声明说不加入美国国籍，同时出具美国移民局相关证明，我们立即会给孩子颁发中国护照，但那些人（美宝的父母）都不会这么做的。18岁以后，必须要放弃美国国籍，我们才会给他中国护照；如果他选择了美国国籍，再也不会给他颁发旅行证，回中国需要申请签证。"

问题四：通过中国旅行证，中国政府对中国人在美国生的孩子宣示了："美宝是中国人不是美国人"的主权归属，但碍于美宝实际上拥有美国国籍，在中国不允许双重国籍的规定下，衍生出发给《中国旅行证》的变通办法。是这样的吗？

张明说：是的。

问题五：如申请获得第三国签证，中国旅行证持有人可以前往第三国旅行。有的美宝父母说他们出国旅行使用的都是美国护照，中国旅行证不能用。这种说法对吗？

张明说：“只要在其两年签发的有效期内，中国旅行证当然可以用，但如果他们用美国护照，也跟我们没有关系，我们只负责签发中国旅行证，关于回国后的具体用途，要向国内的有关具体部门咨询。”

问题六：如果在美国出生的孩子（美宝）只申请了中国旅行证，没有美国护照，能出境美国吗？

张明说：“当然可以出境（美国），中国旅行证是中国政府颁发的有效证件，相当于一个临时护照，现在不少在美国的中国留学生，丢失护照要回国，我们就给他们办理中国旅行证。”

去中国驻美国的使领馆办中国签证，根据2013年8月28日的申请办理签证须知，美国公民申请签证费用140美金，加急办理，每人加收20美金，特急办理，每人加收30美元。中国旅行证，正常办理旅行证收费35美元，加急办理收费55美元，特急办理收费65美元。签证的有效期一般是半年以内，中国旅行证两年内可以多次往返。

需要注意的是，由于目前中国旅行证有效期是两年，所以美宝父母在中国居住时需要留意旅行证的有效期。一旦过期，需要到当地公安机关申请“一次性出入境通行证”证件，在其3个月的有效期内可以出境，但返回中国时需要重新申请中国旅行证。

第五节：美国国籍与中国户口

“咨询一下，美宝回国后还能在北京上户口吗？怎么有人说有美国身份的宝宝，北京上不了户口了？”一名网友在群里问道。

有网友回复说：“应该可以吧。上海的都上户口啊，全国一个户口政策吧。”

“昨天两个孕妇告诉我，说她们回去要开放弃美国国籍证明才给上，是不是真的啊。”

“我担心我宝宝回北京上不了户口。”

　　不少赴美生子的妈妈们为了美宝今后在中国生活方便，可能都考虑过这些问题。回国之后，美宝能上户口吗？以北京市为例，根据北京新生婴儿户口登记（出生申报）指南的规定，美宝可以持有效证件在北京上户口，也就是说，美宝既可以持有美国护照，也可以上北京户口。

　　规定如下：

　　（一）父母双方或母亲一方是北京市常住户口的婴儿，在出生一个月内，由监护人到婴儿父亲或母亲户口所在地派出所申报出生登记。婴儿父母一方为本市集体户口，一方为本市家庭户口的，婴儿须随家庭户一方登记常住户口。婴儿母亲为本市集体户口，父亲为市外户口的，户口可随母亲登记为集体户口。母亲为本市农业户口的，婴儿可以自愿选择随母或随父登记为非农业户口。[①]

　　办理出生登记，应出具下列证件证明：

　　1. 婴儿出生医院填发的《出生医学证明》；

　　2. 婴儿父亲、母亲的《居民户口簿》、《居民身份证》、《结婚证》；

　　3. 婴儿母亲户口所在地计划生育部门出具的《生育服务证》（随父申报登记的，该证需到母亲户口所在地计划生育部门办理迁移手续）；

　　4. 婴儿母亲系驻京部队现役军人的，须出具其母所在部队团以上政治部门出具的证明及本人身份证件；

　　5. 超计划生育、非婚生育婴儿等违反法律法规规定生育的，须持婴儿出生医院填发的《出生医学证明》和婴儿父亲、母亲的《居民户口簿》、《居民身份证》、《结婚证》及婴儿母亲户口所在地计划生育部门开具的缴纳社会抚养费证明。非婚生婴儿同时提供亲子鉴定证明经派出所审批办理；

　　6. 在港、澳、台及国外出生的婴儿，须持国外或境外医疗机构出具的出生证明原件、复印件及翻译机构出具的出生证明翻译件；我驻外使领馆签发的《中华人民共和国旅行证》或《护照》；婴儿父亲、母亲的《居民户口簿》、《居民身份证》、《结婚证》；《北京市生育服务证》或缴纳社会抚养费证明或区县计生部门出具的同意入户证明。

　　（二）父亲为本市户口、母亲为外省市户口的婴儿（2003年8月7日以后出

---

① http://new.060s.com/article/2011/03/11/245610.htm

生），要求随父申报出生登记的，应符合北京市计划生育政策，经婴儿父亲户口所在地派出所审批办理。应出具下列证件证明：

1. 入户申请；

2. 医疗机构填发的《出生医学证明》；

3. 婴儿父母亲的《居民户口簿》、《居民身份证》、《结婚证》，婴儿父亲的住房证明；

4.《北京市生育服务证》（外省市生育服务证明需到入户地街、乡计划生育部门更换成《北京市生育服务证》）。

由此可见，美宝的户口可以根据第一条第6款去办理。

由于中国旅行证有效期为两年，越来越多的美宝父母说，旅行证过期了，但要出国，面临着出境难的问题。中国驻芝加哥总领馆签证组组长张明说，这种情况下，只能去中国境内的公安局出入境管理处申请一次性出入境通行证。

因为美宝有美国护照，可不可以使用美国护照离境呢？据张明介绍，中国旅行证过期了，要交一些费用，然后申请一次性出入境通行证出境，但是不能使用美国护照离境，原因在于这是《中华人民共和国和美利坚合众国领事条约》附件一《中美两国政府关于两国公民团聚、旅行方便等问题的补充换文》的规定。

首先，如果使用美国护照离境，中国海关人员会质疑孩子的护照上为何没有入境章（假定孩子当初是按中国旅行证入境的），因此，可能会出现一些麻烦，最终也只能使用中国旅行证。

另外，中国与美国的法律均不承认本国公民具有双重国籍。中国采用"以血统主义为主、出生地主义为辅"的混合主义原则，美国则采用"落地公民权"原则。所以，旅居美国的中国内地公民判断其在当地出生子女的国籍，应遵循两国共同的法律规定及相关做法。

自1982年2月18日起生效实施的《中华人民共和国和美利坚合众国领事条约》附件一《中美两国政府关于两国公民团聚、旅行方便等问题的补充换文》第2条规定："两国政府同意给予自称同时具有美利坚合众国国籍和中华人民共和国国籍的人在两国间旅行的便利，但这并不意味着两国政府承认双重国籍。上述人员出境手续和证件将按照居住国的法律处理；入境手续和证件将按照前往国的法律处理"。所以，对于那些旅居海外的中国内地公民在美国所生小孩的国籍和证件问题，应该因人而异，并按下面的方式处理：[①]

1、父母双方或一方为定居在美国的中国公民，他们的小孩出生在美国的，美国法律承认其具有美国国籍，美国主管机构应当为其颁发美国护照或相应证件。同时，中国法律也承认该个人具有美国国籍。中国领事可应当事人的申请，在其美国护照上颁发中国签证。

2、父母双方或一方为临时居住在美国的中国公民，他们的小孩出生在美国的，美国法律承认其具有美国国籍，美国主管机构应当为其颁发美国护照或相应身份证件。但是，中国法律只承认这个小孩是中国国籍。中国领事可以根据当事人的申请，为他颁发中国旅行证件。在实践中，孩子在未满18周岁以前将同时持用美国护照和中国旅行证件出入中美两国国境。具体做法是：出境手续和证件应按照所在国的法律处理；入境手续和证件应按照其前往国的法律处理。

张明解释说，因为中国只承认美宝是中国国籍，旅行证过期以后，需要出境必须要申请一次性出入境通行证，而不能使用美国护照离境。离开美国时，一般使用美国护照，入境美国时，也可以使用美国护照，一般来讲，在哪个国家就使用哪个国家的证件。

关于持有中国旅行证的美宝申请一次性出入境通行证，北京市公安局官方网站有以下规定：[②]

因国籍冲突，不便持用普通护照出境的需要申请出入境通行证。因国籍冲突，不便持用普通护照出境的分以下两种情况：（一）已取得外国护照、父母一方为外国人、一方为中国人，依照中国国籍法被认定具有中国国籍的儿童办理时需提交以下材料：

1. 儿童外籍护照原件及复印件；

2.《出生证明》原件及复印件；

3. 父母双方护照原件及复印件，中国一方父亲或母亲的北京市户口簿、身

---

① "许育红：在美国生孩子，一定是美国籍吗" http://opinion.huanqiu.com/opinion_world/2013–04/3816063.html

② http://www.bjgaj.gov.cn/web/detail_getWsgsInfo_37103_col1362.html

份证原件及复印件或注销户口证明、父母结婚证原件及复印件；

4. 三张两寸近期正面免冠彩色照片（背景为白色或淡蓝色）；

5. 填写《港澳台侨证件延期、补发申请审批表》；

6. 中方父亲或母亲无北京户籍的，还需提供由公安机关出具的在京居住半年以上的暂住证明原件及复印件，外籍一方需提供外国人在京居留许可原件及复印件（取证时间等通知）。

（二）父母双方均未在国外定居，其在国外所生子女已取得外国护照的，持《中华人民共和国旅行证》回国，且旅行证已过有效期，要求出境的需提交以下材料：

1.《中华人民共和国旅行证》原件及复印件；

2. 儿童的外国护照原件及复印件；

3. 儿童的出生证明原件及复印件；

4. 儿童父母双方的北京市户口簿、身份证、护照、结婚证原件及复印件；

5. 父母无北京户籍的，还需提供由公安机关出具的在京居住半年以上的暂住证明原件及复印件（取证时间等通知）；

6. 三张两寸近期正面免冠彩色照片（背景为白色或淡蓝色）；

7. 填写《港澳台侨证件延期、补发申请审批表》。

一些美宝的家长，回国之后，根据相关的法律规定，给美宝上了户口。但也有一些美宝的家长说，他们在给美宝申请一次性出入境通行证过程中，被要求注销户口，否则不给办理。针对这一问题，张明说，"有的要求注销户口，有的不要求注销，具体要看执行情况"。

"公安部门知道你（在美国出生的孩子）持有美国护照，而你现在要离开中国境内，就要求你先把户口注销。注销户口是一个比较传统的做法，我们以前出国要注销户口，现在出国基本上不用了。户口注销之后，回中国之后也可以再上。"张明说。

美宝回国之后上户口是按照中国的法律上的，但要申请一次性出入境通行证被要求注销户口，并且也有法律依据。这存在明显矛盾之处，且不说给美宝回国上户口可并非一件容易的事。因此，对于一些上户口的美宝来说，为了保住户口，又不让中国旅行证过期，只能每两年到美国更换一次中国旅行证，圈内人称之为"刷旅行证"。

如果美宝家长们没有给美宝上户口，即便中国旅行证过了两年的有效期，也可以等到给美宝更换护照（美宝16岁之前换护照需要父母的陪同以及父母的证件）的时候一并更换旅行证。对于不少美宝的家长来说，这样做会相对便利一些。

张明说，很多在美国生孩子的中国父母并没有给美宝上户口，但也有一些父母给美宝上户口，"具体看他们自己，注不注销户口，每个地方执行的不一样，有的要求，有的不要求，眼下大部分都不要求注销户口"。

据了解，目前在申请一次性出入境通行证过程中被要求注销户口的分别来自湖北、山东和吉林。"以前，出国都是要注销户口的，但现在基本上不注销户口了，我第一次出国，户口都是注销的，后来户口上面写的是，从非洲某个国家迁回到中国"，张明说。

为了使美宝的护照有效，美宝在16周岁之前，需要每5年更换一次，且需要父母陪同，16岁以后每10年更换一次（护照有效期为10年）。具体可参照美国驻中国广州总领事馆官网发布的信息：[1]

儿童的护照更换（16岁以下）

第一步：请仔细阅读以下说明

第二步：请在网上预约 （如果您当日需要申办一项以上服务，务请分别预约。）

第三步：请填写护照申请表DS—11

如符合以下要求，您可以按照本页的说明为小孩申请护照：

1. 小孩未满16周岁；

2. 提交护照申请时能够同时出示小孩的美国护照；

3. 小孩目前持有的护照有效期未受限制，即有效期为五年；

4. 护照信息无需更改，根据法院文书更改姓名的情况除外。

根据美国法律，16岁以下的申请人需要父母双方的书面同意才能获取护照。

如果只有父母其中一方前来为小孩申请护照，需提交缺席父母签名并经过

---

[1] http://guangzhou-ch.usembassy-china.org.cn/passport/17.html

公证的DS—3053表格或书面同意声明（包括小孩的名字、出生日期，以及父母有效身份证件的复印件）。如果父母其中一方有独立法律权限为小孩申请护照，须提供相关的法院文书或经过公证的另一方父母的死亡证书。

我需要带什么材料去领事馆为小孩更换护照？

1. 小孩的美国国籍证明，如最近一次签发的美国护照；

2. 填写完整的护照申请表DS—11。请不要在表格上签名，该表格需在领事面前签名；

3. 父母与孩子的关系证明，如小孩的美国出生证或海外出生领事报告，或其他亲子关系证明；必须是原件或经过公证的复印件。

4. 父母双方的有效身份证件。请提供政府签发的父母双方的有效身份证件。

5. 不能亲自前来为小孩申请护照的父亲或母亲需提交经过公证的父母同意书DS—3053表格；如果父母双方都不能亲自前来办理，则必须提交经双方签名并经过公证的同意书，委托第三方为小孩更换护照；

6. 显示相貌变化的照片。显示小孩从最后一本护照签发的时间到目前为止的相貌变化照片；

7. 护照照片一张：2×2英寸，白色或浅色背景；

8. 费用。儿童护照的申请费是105美元。

我需要带孩子去领事馆更其换护照吗？

需要带孩子去领事馆。16周岁以下的护照申请人都必须亲自到场。

如果孩子父母其中一方不能陪同到领事馆，我能为我的孩子更换护照吗？

美国法律规定16岁以下的护照申请人需要父母双方的书面同意才能获取护照。

如果只有父母其中一方前来为小孩申请护照，需提交缺席父母签名并经过公证的DS—3053表格或书面同意声明（包括小孩的名字、出生日期，以及父母有效身份证件的复印件）。如果父母其中一方有独立法律权限为小孩申请护照，须提供相关的法院文书或经过公证的另一方父母的死亡证书。

您可以在所有美国驻海外使领馆，或者美国境内的所有护照签发机构获取父母同意声明DS—3053表格。

如果孩子的父亲与我已经离婚，我该如何为孩子更换护照？

无论您的婚姻状况或您与孩子另一方父母的关系如何，除非法院将孩子的独立监护权判给您，否则美国法律规定16岁以下的护照申请人需要父母双方的书面同意才能获取护照。如果父母其中一方不能亲自前来为孩子申请护照，需提交经过公证的同意声明DS—3053。

美国的法院把小孩的独立监护权判给我了。我需要携带该判决书去领事馆吗？

需要。如果父母一方获得法院判决的独立监护权，可以免除父母双方同意的要求。获得独立监护权的家长必须亲自前来领事馆为小孩申请护照，或者书面委托第三方前来办理，同时需提交法院判决书的原件或经过认证的复印件。

我可以授权第三方为我的孩子更换护照吗？

可以。第三方为16周岁以下的儿童申请护照必须提交父母双方或有独立监护权的父母一方签名并经过公证的护照申请授权书。该授权书须明确代办人的身份，并附上由政府部门签发的父母有效身份证件的复印件。

经过公证的父母同意声明是否有期限？

是有期限的。经公证的家长同意声明DS—3053表格，即父母同意签发儿童护照声明，有效期为三个月。三个月后必须提交一份新的声明。

为什么需要提供显示孩子相貌变化的照片？

儿童的面部特征从婴儿时期到幼儿时期会发生较大的变化。领事官员通常很难通过小孩现有护照上的照片识别小孩是否为护照持有人，因此需要查看显示小孩相貌变化的照片。这些照片能够显示小孩从最后一本护照签发的时间到目前为止的相貌变化。

需要等多久才能领取孩子的新护照？

护照申请受理批准后大约两周时间可领取新护照。申请人可以在新护照办理期间继续使用其现有的护照。

该如何领取孩子的新护照？

小孩的新护照可以领取时，领事馆会发电子邮件通知您前来领取。父母或监护人必须亲自到领事馆领取小孩的护照，或者书面委托第三方前来领取。领取新护照时须把小孩的旧护照带来。届时，领事馆会注销旧护照并归还给您。

可以让别人来领取小孩的新护照吗？

可以。小孩的护照申请批准后，我们会发给您一张护照领取单。

您可以凭该领取单委托第三方（例如亲戚或朋友）前来领取小孩的护

照。领取单必须由小孩的父亲或母亲、或受小孩父母委托在小孩的美国护照申请DS—11表上签名的代办人填写并签名。

您委托的代领人必须携带其本人的身份证件（必须是政府签发的有效证件）、小孩现有的护照，以及经授权人签名的护照领取单。

我孩子的中国签证在旧护照里，你们会把旧护照还给我们吗？

领事馆明白您孩子中国签证的重要性，不会注销该签证。您的孩子需要同时使用新的有效美国护照以及含有有效中国签证的旧的美国护照，直到旧护照里的中国签证到期。现有的中国签证到期后，凭新护照申请新的签证。

第五章　移民改革：通往梦想之地的辩与革

——老话题与新动向

　　过去的几十年里，美国社会经历了巨变，人口结构变化表现尤为突出：人口老龄化加重、少数族裔人口迅速膨胀，其中一个主要原因在于外来移民的不断涌入。移民改变了美国的命运，同时也成就了美国的强大。

　　关于移民的辩论和争议也从未休止，涉及移民的改革也在曲折中前行。不过，自从建国起，涉及移民的争议无非围绕以下话题展开：外来移民拒绝学习英语，难以接受美国习俗、抵制美国文化、对传统价值观构成挑战、与本土人口争夺工作岗位、加重公共服务负担等等。在历史上，普通公众对移民的态度也跌宕起伏，但也有规律可循——经济困难时期，移民经常沦为替罪羔羊。

过去的几十年里，美国社会经历了巨变，人口结构变化表现尤为突出：人口老龄化加重、少数族裔人口迅速膨胀，其中一个主要原因在于外来移民的不断涌入。移民改变了美国的命运，同时也成就了美国的强大。

在美国，移民从来就不是一个新鲜话题。自建国以后，移民便伴随着美国的成长，见证着其发展，成为美利坚民族性格的一部分，关于移民的辩论和争议也从未休止，涉及移民的改革也在曲折中前行。

不过，自从建国起，涉及移民的争议无非围绕以下话题展开：外来移民拒绝学习英语、难以接受美国习俗、抵制美国文化、对传统价值观构成挑战、与本土人口争夺工作岗位、加重公共服务负担等等。在历史上，普通公众对移民的态度也跌宕起伏。但也有规律可循——经济困难时期，移民经常沦为替罪羔羊。

芝加哥——密歇根湖畔的建筑群。

在美国，移民涉及机会平等、门户开放、经济增长、家庭团聚、社会公平和边境安全等诸多话题，移民改革则涉及的方方面面，甚至是社会各个阶层。在涉及移民改革问题上，由于美国实行联邦制，这为各州出台具体政策提供了可能。

同时，各州移民改革措施的差异也反映出各州不同的诉求、立场以及所关注的利益和侧重点，如农业州希望增加季节性劳工数量，而高科技产业主导的州则希望增加高科技人才的签证数。

2009年，美国国防部第一次推出"紧缺人才征兵计划"，绕过申请绿卡，直接抛出美国国籍充当诱饵，吸引特殊人才参军，充实美国军力。为了让本国国内移民人口多样化，美国从1995年开始实施"多样化移民签证"项目（Diversity Immigrant Visa），也称"绿卡抽奖"。

2014年4月1日，美国移民局开启了新一轮的H－1B签证申请。

与之前的情形类似，不到5天，8.5万张的H－1B签证申请名额爆满。H－1B签证可以让具有高技术的外籍人才留美工作，填补美国的人才短板。一边是人才短缺，H－1B签证不够用；一边是包括中国在内的国际留学生留美困难，凸显了美国移民改革的紧迫性，于是创业签证3.0应运而生。

之所以将美国陆军紧缺人才征兵、绿卡抽奖、创业移民放在一起讨论，原因在于，相对于传统依亲移民等"老路"而言，前者或是试点项目，或酝酿推出。前后相较，新旧对比，可以洞察美国移民改革的动向。

首先，与之前相比，美国在遏制非法移民偷渡边境方面所付出的努力已相当显著，即美国加强了对美墨边境的管控，加大了打击非法入境力度，减少了非法移民入境。边防巡逻警察的数量由2006年的1.1万人增至2009年的1.7万人，而这一数量是20年前的5倍。另外，美国和墨西哥边境修建的隔离墙也已经数以百英里计，并且辅助以高科技，包括使用无人机侦察等手段，打击非法移民偷渡美国。[①]

第二，在吸收移民方面，美国移民政策更加趋向"选择性"，即放宽了对

---

① Clint Bolick , Jeb Bush, Immigration Wars: Forging an American Solution (New York: Simon & Schuster Inc. 2013), P48–49.

美国经济和国家利益有利的移民通道，而对可能危及美国国家安全和利益的移民则趋于紧闭大门。如考虑将投资移民政策永久化，美国国防部推出的"紧缺人才征兵计划"和创业签证3.0等均表明这一趋势。

第三，1965年移民法案在国会通过以后，美国的移民政策更加侧重"家庭团聚"原则。业内一些专家认为，侧重"家庭团聚"让美国失去了吸纳更多优秀人才的机遇，从长远看对美国的国家利益不利。不管在个人还是国家层面，美国逐渐意识到要敞开国门，吸纳贤才，确保其国际竞争力，基于此，美国将收紧以"家庭团聚"为原则的依亲移民，或者至少平衡依亲移民和其他类别移民之间的比重。

第一节：为身份而战——美国陆军紧缺人才征兵

"紧缺人才征兵计划"（Military Accessions Vital to the National Interest），简称"MAVNI"。这一征兵计划允许一些在美具有合法身份的外籍人士参军。参军的外籍人士可以绕过绿卡申请这一步骤，快速申请并加入美国国籍（如果审批快，7至10周就能拿到美国国籍）。

2009年初，美国国防部首次推出这一试点项目。实施这一项目的主要是美国陆军。根据国防部规定，报名者年龄需在17岁至34半岁之间，持有E、F、H、I、J、K、L、M、O、P、Q、R、S、T、TC、TD、TN、U或者V签证者均可报名。

截至报名参军时，报名者之前在美合法居留的时间至少为两年，不能有单次离境美国超过90天的记录。另外，参军对象必须具备高中文凭、在陆军资格考试（Armed Forces Qualifications Test）中成绩合格（50分或50分以上），熟练掌握母语。

美国陆军网站显示，招募对象包括能说44种外语的人才，其中包括阿尔巴尼亚语、阿姆哈拉语（埃塞俄比亚官方语言）、阿拉伯语、阿塞拜疆语、孟加拉语、缅甸语、宿务语、柬埔寨语、汉语、捷克语、法语（包括非洲国家的公民）、格鲁吉亚语、海地克里奥尔语、豪萨语、印地语、伊博语（一种通行于西非国家尼日利亚的语言）、印度尼西亚语、韩语、库尔德语、老挝语、马来语、马拉雅拉姆语、摩洛语（苏禄语 / 马拉瑙语 / 马京达瑙语）、尼泊尔语、普什图语、达里语、波斯语、葡萄牙语、旁遮普语、俄罗斯语、信德语、塞尔维亚—克罗地亚语、锡兰语、索马里语、斯瓦希里语、塔加拉族语、塔吉克语、泰米尔语、泰国语、土耳其语、土库曼语、乌尔都语（包括来自巴基斯坦和阿富汗的公民）、乌兹别克语、约鲁巴语。

除招募能说特殊语种的外籍人士外，美国陆军还招募具备医疗知识专长、获得美国执照的外籍人士入伍。与特殊语种人才入伍必须服现役至少4年不同，后者入伍后必须服现役3年或者6年预备役（Selected Reserve）。

美国陆军招募的医疗对象包括两类：分别服现役和预备役。

常规军（现役）：牙医、口腔外科医生、儿科医生、精神科医生（Psychiatrist）、内科医生、家庭医生（Family Practice）、普通外科医生、急诊科医生、核科学人员（Nuclear Science Officer）、昆虫学专家

2014年5月25日，美国现役军人参加在芝加哥举行的阵亡将士纪念日大游行。

（Entomologist）、执业临床社会工作者、执业临床心理学家（Licensed Clinical Psychologist）、精神科护士、护理麻醉师等。

预备役：牙医、镶牙专家（Prosthodontist）、口腔外科医生、预防医学（Preventive Medicine）医生、泌尿科医师、麻醉师、眼科医生、耳鼻喉科医师、精神科医生（Psychiatrist）、家庭医生（Family Physician）、普通外科医生、胸外科医生、整形外科医生（Orthopedic Surgeon）、急诊科医生、昆虫学专家、执业临床心理学家、医师助理、精神科护士。

美国国防部2012年5月更新的资料显示，国防部长授权军方招募一些合法的外籍人士参军，其所具备的特殊能力对美国的国家利益而言是至关重要的，包括医生、护士和具备相应文化背景的语言专家。这一试点项目计划持续至2014年5月15日，每年计划招募至多1500人。

早在美国独立战争时期，就有非美国公民参加美军的例子。《1950年洛奇法案》（Lodge Act of 1950）批准非美国籍的东欧移民在1950年至1959年期间参加美军。另外，1947年，美国与菲律宾签署军事基地协议，美国允许菲律宾人参加美国海军。据统计，1952年至1991年，共有超过3.5万名菲律宾人在美国海军服役。

如今，在美军中服役的非美国国籍士兵大约有2.4万名，每年大约有5000名绿卡持有者报名参军服役。根据美国2002年7月颁布的"行政命令"规定，服役军人有资格申请快速获得公民身份。为此，美国军方也与移民局密切合作，协助服役人员申请公民身份。

据统计，2001年"9·11"恐怖袭击事件以后，截至2012年4月，美国现役陆军中有超过7.8万人获得了公民身份。

"紧缺人才征兵计划"推出以后，吸引了不少国际留学生参加。作为重要的战略性语言之一，汉语自然位于44种特殊语种士兵招募计划之中。2012年，美军招收了60名中英双语人才。2013年，美军再度向华人发放135个名额。

2013年5月31日，"紧缺人才征兵计划"在南加州开始报名，不少华人报名踊跃，其中也包括一些在美的中国女留学生。不到6月中旬，报名人数已经突破了在西海岸征召30名华人的名额限制。

其实，对于在美国的国际留学生而言，也有其他途径获得就业机会和美国绿卡。例如，持F—1学生签证的国际留学生可以在毕业前申请为期12个月的实习期，即OPT（optical practical training）。留学生可以利用这一年的时间空当找工作。

目前，学生每获得高一级的学位即可申请一次OPT。业内人士表示，美国雇主在招聘时通常会优先考虑有工作经验的学生，要善于利用毕业季和OPT，为顺利就业增加筹码，尤其是利用好毕业校友的人脉。

OPT到期时，留学生需要申请H1—B签证（即特殊专业人员的临时工作签证）才能合法留在美国工作，而H1—B签证需要由所在公司提出申请。换言之，OPT到期前，学生需要找到一份工作，并由所在公司递交H1—B签证申请，否则只能回国，或者再回学校继续深造。

H1—B签证是美国移民局签发的工作签证，而非移民签证，发放给美国公司雇佣的有专业技能的外国籍员工，根据现行规定，持有H1—B签证者可以在美国工作三年，到期后可以申请再延长三年，六年期满后如果签证持有者的身份还没有转化，必须按时离开美国，因此，大多数留学生希望利用这六年时间申请到绿卡获得永居权，但并不是每个人都那么幸运。

由于参军可以绕过绿卡申请，直接拿到美国身份，还可以享受军人工资和福利，避免了走工作签证转绿卡的老路，不用等很长的排期，成为一些中国留学生报名参军的主要原因。

报名参军，可以享受以下待遇，"紧缺人才征兵计划"的征兵海报这样写道：

1. 高质量的培训并享有接受高等教育的机会；

2. 士兵以及家属享有稳定的收入和福利；

美国征兵海报

3. 提高领导技能；

4. 教育福利；

5. 令人尊敬的行业和职业。

在美国，对于很多人来讲，参军入伍可以同时解决学习和就业两大问题。此外，还能享受提高能力、免费医疗、全额人身保险、奖学金等优厚的待遇。不过，参军服役意味着随时可能会献出生

2014年5月25日，美国芝加哥华裔退伍军人会参加阵亡将士纪念日大游行。

命，尤其是在战乱地区服役，如伊拉克、阿富汗等地。

2006年1月9日，在美军服役的中国公民孙明在伊拉克不幸阵亡，年仅20周岁。报道说，孙明所在的小分队当时在伊拉克首都巴格达以西的拉马迪巡逻值勤，突然遭遇火力袭击，中弹身亡。

1月22日，父母为孙明举行了葬礼。美国军方代表授予孙明的父母铜星和紫心勋章以表彰孙明的勇敢与对美国作出的贡献。时任加州州长施瓦辛格要求州政府为孙明降半旗志哀。加州州议会大厦也为孙明下半旗志哀。

孙明是美国伊拉克战争阵亡将士中首位中国籍士兵。孙明生前有两个愿望，一是参军，二是获得美国身份。第一个愿望，生前如愿以偿，但获得美国身份的愿望，去世之后才得以实现。参军前，孙明持有美国绿卡，死后被追认为美国公民。

孙明走了，除却荣耀，留给家人的是难以忘却的伤痛。

对于绿卡持有者而言，参军能踏上获得美国国籍的快车道。对于具备特殊医疗技能和能讲"战略性特殊"语言的在美合法人士，通过"紧缺人才征兵计划"，也能绕过绿卡直接申请美国国籍。那么对于那些在美国的非法移民呢？早在2001年8月，美国一些议员便提出了"梦想法案"。

"梦想法案"提议，如果是16岁以前来到美国，法案实施时年龄在35岁以

下，在美国连续居住5年以上的非法移民，可以通过上大学或参军至少两年，在通过安全背景和犯罪记录审查之后申请6年有条件绿卡，然后再转为无条件绿卡并申请成为公民。

截至2013年11月，美国14个州已经有了本州版本的"梦想法案"。

2010年，掌控众议院的共和党人阻止了被称为"梦想法案"的《外来未成年人发展、救济和教育法案》通过。"梦想法案"为年轻非法移民提供了通过教育或参军入籍的途径。多项民调显示，这是美国移民改革最具民意基础的提案之一。

尽管美国总统奥巴马称，早在2012年，他便利用行政手段让在美的"梦想者"（青年非法移民）不再面临遭遣返的威胁，但从法律层面上讲，如果"梦想法案"未能获得通过，即便"梦想者"不被遣返，他们也不能获得美国国籍，或者走上获得国籍的道路。

作为奥巴马"综合移民改革"（Comprehensive immigration reform）方案的支持者，2014年，在共和党内部，共和党人、加州众议员杰夫·德纳姆（Jeff Denham）提出了一项名为"参军"的提案（Encourage New Legalized Immigrants to Start Training Act，即 ENLIST Act），向众议院军事委员会的民主党和共和党议员寻求联合签名支持。这一提案在共和党内部引发了巨大争论。

德纳姆是一名美国空军老兵，前后在空军服役16年，但他本人并非众议院军事委员会成员，却成为众议院内部从共和党阵营决裂出的第一人，公开支持参议院通过的"综合移民改革"方案。截至2014年5月，德纳姆的"参军"提案获得了大约50名议员的支持，民主党和共和党议员平分秋色。

德纳姆所代表的地区人口中有40％是移民，是全美移民人口在总人口中所占比例最高的地区。根据这一提案，只要是15岁之前来美的非法移民可以参军，如果光荣退伍就可以获得美国绿卡，最终可以申请加入美国国籍。

不过，与此同时，共和党内部的"极右"成员也纠集反对者，阻挠这一提案的通过，其中包括时任众议院共和党领袖约翰·博纳。态度比较强硬的是艾奥瓦州众议员史蒂夫·金。多年来，史蒂夫·金以他的反移民立场和针对移民的"毒舌"言论而闻名。史蒂夫·金曾将墨西哥非法移民比作偷运毒品的骡子。

2014年4月初，史蒂夫·金再度抛出毒舌言论，极力主张遣返非法移民。

"只要他们举起手来，承认在美国的非法移民身份，我们不会让你宣誓参军。我们会把它当作证词，让你搭上回（墨西哥）蒂华纳的公共汽车。"

2014年是美国国会中期选举年。种种迹象表明，在中期选举年，"综合移民改革"在众议院获得通过的可能性极低，而事实证明果然如此。按照共和党对移民问题的一贯立场——"有关移民问题要逐一解决"，共和党在某些无关痛痒的问题上立场可能松动，但在涉及选票等核心利益问题上不可能无条件作出让步，或者完全妥协。

加州共和党众议员杰夫·德纳姆曾试图把他的"参军"提案作为修正案，与军费预算法案——国家防卫授权法案（National Defense Authorization Act）"捆绑"，并且在众议院内部征集共和党议员支持。在非法移民获得美国国籍议题上，共和党向来立场强硬，绝不肯退步，不同意给予非法移民及其子女任何公民身份的待遇。

因此，可以说，"参军"提案的出炉，以及在共和党内部支持声音的增加，这无疑是一种进步，但依然遭遇巨大阻力，反对声不绝于耳：理由是你能信任一个通过非法途径进入美国的人，在战争前线捍卫美国的国家利益吗？

不难发现，"参军"提案其实是"梦想法案"的瘦身版。但即便是已经"瘦身"，共和党内部的极端保守人士依然不准备妥协，由此可见移民改革推进的难度之大。

"如果你想享有美国的自由，那么就参军保护这种自由"。作为一名局外人，我有时也在想，究竟还需要这些年幼时在父母的决定下进入美国的非法移民做什么，才能洗刷掉他们进入美国的"原罪"，为了这个国家，他们愿意付出自己的生命，愿意用生命捍卫美国的价值观和信仰，难道这还不够吗？

第二节：一张通往梦想之地的彩票
——美国绿卡抽奖（Green Card Lottery）

听说过在北京买车摇号，但你听说过抽奖拿北京户口吗？

怎么可能？！

那么，你听说过抽奖拿美国绿卡吗？

怎么不可能？

很久以来，有"移民之国"之称的美国被视为民族的大熔炉，来自世界各地的移民为美国的经济和社会发展注入源源不断的动力，同时丰富着美国的多元文化。如果你高中毕业，只需要在美国国务院网站上注册，便有机会直接获得美国绿卡，目前每年中奖名额为5万个（原先为5.5万）。

所谓的"绿卡抽奖"，即"多样化移民签证"（Diversity Immigrant Visa）。这一项目经美国国会授权实施，每年通过随机抽签的方式向中签的申请者直接颁发美国绿卡。《1990年移民法》设立了这一项目，并于1995财年开始实施。

"绿卡抽奖"设立的初衷是为了让美国人口多样化。具体实施过程中，过去5年之内，如果一个国家向美国移民的人数超过了5万，那么这一国家的公民便不具备"绿卡抽奖"的资格。能否参加美国绿卡抽奖，取决于这一国家过去5年移民美国的人数。

以2015年"绿卡抽奖"为例，孟加拉国、巴西、加拿大、中国、哥伦比亚、多米尼加、厄瓜多尔、萨尔瓦多、海地、印度、牙买加、墨西哥、尼日利亚、巴基斯坦、秘鲁、菲律宾、韩国、英国（北爱尔兰除外）以及附属领土和越南的公民不具备"绿卡抽奖"资格。

2015年"绿卡抽奖"的网上申请时间为2013年10月1日至11月2日，2016年"绿卡抽奖"的网上递交申请时间为2014年10月1日至2014年11月3日。近几年来，由于来自中国大陆公民移民美国的人数不断攀升，累加起来远远超过5万。因此，中国大陆公民早就不具备"绿卡抽奖"的资格，但出生于中国香港、澳门和台湾的人则仍具备抽签资格。

需要说明的是，过去5年中，移民美国的人超过5万，指的是美国签发的依亲移民签证和工作签证（Family-Sponsored and Employment-Based visa）数量。

"绿卡抽奖"采取随机抽签形式。按照相关规定，美国将全球共划分为6个区域，任何一个国家的中签数不能超过当年全部名额的7%。除国别硬性指标外，申请者有最低受教育程度或工作经验的要求，"绿卡抽奖"申请者必须至少具备高中学历或与之相当的受教育水平（high school education or equivalent），或者在过去五年中有两年的工作经历，而从事的职业至少需要两年的培训或经验才能胜任。此外，申请者也不能有犯罪记录。

关于从事哪些职业可以参加"绿卡抽奖"，美国劳工部给出了明确的规定。申请者在填写网上申请时可自行查询是否具备资格。尽管对申请者没有最低年龄要求，但实际上上述受教育或工作经验的要求基本上把18岁以下的申请者排除在外。

即便眼下已身在美国，只要具备申请资格，也可以在网上填写表格申请。如果夫妻两人都具备申请资格，则都可以填写表格申请。一旦其中一人中签，配偶另一方可以作为"衍生从属申请人"（derivative dependent）递交申请。

如何获知是否中签，以2015年"绿卡抽奖"为例，申请者只能在美国国务院指定的唯一网站www.dvlottery.state.gov输入确认码查询。查询时间从2014年5月1日开始，至少可以持续至2015年9月。

需要说明的是，"绿卡抽奖"名额有5万，但有的中签者不具备签证申请资格或并不准备申请移民。因此，为确保不浪费绿卡名额，一般说来，每年抽出中签者的数量会超过5万名。因此，中签并不意味着肯定能拿到绿卡，需要参照中签的先后排名。

2015年"绿卡抽奖"的签证面试从2014年10月1日开始。申请者可以通过确认码查询通知，然后到美国驻所在国的使领馆面试。中签只代表你可以申请"多样化移民签证"，而一旦你的申请资格被确认符合条件，那么你将获得美国的"多样化签证"。除自动放弃外，前5万名合格的中签者将获得"多样化签证"。

此外，"多样化签证"的申请也有时间限制。以2015"绿卡抽奖"为例，中签者申请"多样化签证"的时间只能在美国政府规定的2015财年，即2014年10月1日至2015年9月30日。

如果中签者在入境美国前突然离世，其申请将自动终止，其中也包括其配偶以及子女的多样化签证申请。目前，网上填写表格申请无需任何费用，但如果中签，则需要缴纳签证等相关费用。

由于中国大陆居民不具备抽签资格，不在讨论范围内。以中国台湾为例，数据显示：2014年"绿卡抽奖"台湾有723人中签；2013年有360人中签；2012年，391人中签；2011年，365人中签；2010年，368人中签；2009年，431人中签。

"绿卡抽奖"，犹如一张幸运的彩票，寄托着许多人通往理想之地的梦想。

　　每年，全球数以百万计申请者递交网上申请，期待能被幸运之神眷顾。不过，在当前美国移民改革背景下，"绿卡抽奖"也面临着终止的可能。

　　当前，涉及美国移民改革，三个群体的问题比较受外界关注。第一，1100多万非法移民的身份合法化问题；第二，企业所需的高科技岗位人才缺乏与具有特殊技能的外籍人才留美难之间的矛盾；第三，等候与家人团聚的依亲移民问题。

　　此外，"绿卡抽奖"也备受关注。早在2013年，参众两院便有议员推动废除"绿卡抽奖"。尽管"绿卡抽奖"的中签率极低，但在全球的受欢迎度极高。2012年，参加绿卡抽奖的人数接近800万。2013年，来自埃塞俄比亚的阿米拉特刚满29岁，成为绿卡抽奖的幸运儿。

　　"在我的国家，整个城市都在等候绿卡抽奖结果揭晓，真不敢相信，他们会取消这一抽奖项目"，阿米拉特告诉美国《华盛顿邮报》，"我们（在美国）可能不会赚很多钱，但每月200美元，整个（埃塞俄比亚）家庭就能赖以生存下来。"

　　针对移民改革，一些共和党议员提出了旨在留住高学历人才的STEM法案；

United States Department of State
Kentucky Consular Center
3505 North Highway 25W
Williamsburg, KY 40769
U.S.A

May 01, 2013

Dear ADRIEN LUCAS ECOFFET,

You have been randomly selected for further processing in the Diversity Immigrant Visa Program for the fiscal year 2014 **(October 1, 2013 to September 30, 2014)**. Selection does not guarantee that you will receive a visa because the number of applicants selected is greater than the number of visas available. Please print out this letter and take it with you to your visa interview.

一份中签通知，来源福布斯新闻网站①

---

　　① http://www.forbes.com/sites/quora/2014/03/18/what-is-it-like-to-win-the-diversity-visa-lottery/

民主党则推出了向从事体力劳动、有色人种的非法移民倾斜的"梦想法案"，但均未能在参众两院获通过，移民改革沦为两党之争和利益集团之间博弈的"牺牲品"。《华盛顿邮报》2013年5月12日刊文，报道了阿米拉特"绿卡抽奖"的故事。报道说，"绿卡抽奖"可能终止，5万个"多样化签证"名额可能被技术或教育等其他签证类别"吃掉"。

当然，也有一些议员希望能保留这一项目，以改善美国的移民人口结构。目前，美国移民人口结构中，来自中国和印度的技术移民偏多，来自墨西哥和菲律宾的亲属移民偏多。他们认为，"绿卡抽奖"能以非常低的代价，塑造美国在国际社会的"灯塔"形象和影响力。

新泽西州民主党人、众议员小唐纳德·佩恩接受采访时说："对于来自非洲和加勒比海国家的公民而言，多样化签证是他们移民美国的为数不多的途径之一，我们已经在讨论要给予1100万非法移民获得身份的道路，我全力支持这种做法。但为什么要取消一个数百万人口争抢5.5万个签证的项目呢，实在让人难以理解。"

由于一些共和党议员希望增加技术类外籍移民签证名额，使得"绿卡抽奖"面临前所未有的压力。主张终止"绿卡抽奖"的议员则认为，"绿卡抽奖"背离了其在20世纪90年代时设立的初衷，项目原本"照顾"的对象是非洲移民，如今大量来自阿尔巴尼亚、尼泊尔、孟加拉国和伊朗的公民通过这一项目来到美国。

因为"绿卡抽奖"申请条件相当宽松，一些议员担心，恐怖分子也可能利用这一通道入境美国，带来安全隐患。2002年，一名埃及裔恐怖分子在美国洛杉矶枪杀两人。调查发现，这名恐怖分子就是通过妻子的"多样性签证"进入美国的。

埃及人穆罕默德·阿塔，是2001年"9·11"恐怖袭击事件中的一名劫机者，进入美国之前曾两次参加"绿卡抽奖"。后来，因为没能中签，阿塔申请了其他类别签证来美国学习飞机驾驶。尽管"绿卡抽奖"中签者在获得签证之前要通过背景调查，但存在漏网之鱼也在所难免。

美国国务院官员说，对中签者的审查十分严格，中签者中大约有半数会被淘汰出局。2013年，"绿卡抽奖"申请人数为790万，国务院随机抽取10.5万名中签者，但最终能获得"多样性签证"的只有5.5万人。

对于获得"多样化移民签证"的人来说，一张通往梦想之地的绿卡只是打开了前往美国的一扇机会之窗。能否在美国实现自己的梦想还要看以后的造化。由于绿卡抽奖的门槛低，不少不具备专业技术、英语能力相对较差的移民只能从事低薪工作，挣扎在社会的底层。

不过，也有为数不多的例外，"绿卡抽奖"也给美国带来了足球明星——弗雷德·阿杜。阿杜生于1989年6月2日，8岁时，他的母亲参与"绿卡抽奖"中签。阿杜全家随后来到美国马里兰州的罗克维尔生活，他本人也成为美国职业足球大联盟最年轻球员之一。在华盛顿特区联队服役多年以后，阿杜后来去了巴西踢球。①

尽管中签的几率极小，不少因"绿卡抽奖"项目移居美国的幸运儿们，可以定期向远在家乡的亲人们汇款，也正是这数额不多的美钞，承载着千千万万的美国梦。远在家乡的亲人们，希望也能有那么一天，自己成为"绿卡抽奖"的幸运儿……

第三节：创业签证3.0

2014年4月1日，星期二。

从今天开始，美国移民局开启受理新一轮H－1B临时工作签证申请。对于留学生身份的人而言，能否找到美国雇主帮其递交H－1B签证申请以及能否获批，将决定着能否继续留在美国工作。与2013年一样，在不到5天时间内，8.5万张H－1B签证申请名额爆满。如果申请人数超过配额，则将以抽签形式决定谁能最终获得这一签证。H－1B签证，是美国为了引进国外专业技术人员提供的一类临时工作签证，涉及两个概念：特殊职业（Speciality Occupations）和临时工作签证（Temporary work visa）。

2013年，美国移民局收到12.4万份申请。H－1B签证可以让具有高技术水平的外籍专业人士来美工作，填补美国的人才短板，尤其是IT人才。2000年至

---

① http://www.washingtonpost.com/local/green-card-lottery-a-ticket-to-hope-for-manycould-be-eliminated/2013/05/12/de07cba4-b411-11e2-bbf2-a6f9e9d79e19_story.html

2003年高峰期间，美国每年颁发的H—1B签证接近20万张。2004年，国会将H—1B签证名额削减至8.5万张。

美国IT产业人才短缺，但H—1B签证数量不够用，凸显美国移民改革的紧迫性，而提高H—1B配额的呼声此起彼伏，尤其是那些意识到移民对美国经济作出杰出贡献的公司强烈要求增加配额。据了解，加州硅谷新创办的小公司中有半数的创办者或合伙创办者是来自世界各地的移民。

根据现行规定，每年分配给拥有本科学位的外籍专业技术人员共计6.5万张H—1B签证，分配给在美国接受教育、拥有硕士及其以上学位的外籍技术人员2万张H—1B签证。

获得H—1B签证者可以在受聘公司工作3年，期满后可以再申请延期3年，共计6年。2013年，自4月1日开始递交申请以来，公司递交的H—1B签证申请数自2008年以来首次在不到一周的时间内便达到限定名额。

之前，由于美国经济和就业不景气，H—1B签证不及配额，仍有空余，但随着最近几年美国经济持续复苏，美国公司对H—1B签证的需求量猛增。许多H—1B签证发放给了在美国拥有分公司的离岸外包公司，尤其是来自印度的公司占用不少名额。

不少美国公司竭尽全力游说国会，希望能增加H—1B签证名额，其中有的提案希望将H—1B签证名额增加3倍至每年18万张。业内专家认为，美国移民局关于H—1B签证的现行政策根本不能满足经济复苏的需要，无法确保美国在全球的竞争优势。

由于国会"难作为"，美国在联邦层面的移民改革裹步不前。为了解决H—1B签证短缺问题，一些州政府开始寻找现行移民法规的合理"漏洞"，自行着手解决问题，马萨诸塞州就是其中之一。

2014年4月10日，马萨诸塞州州长德瓦尔·帕特里克宣布一项计划，希望能缓解马萨诸塞州H—1B签证10年短缺的状况。马萨诸塞州希望能出台本州版本的"创业签证"（Startup Visa）。

帕特里克计划设立一个"本地企业家"（Entrepreneurship In Residence）项目，由马萨诸塞州一家公共机构与大学合办。参加者可以是正在创业的毕业生，前提是必须符合H—1B签证申请条件，但却由于名额限制无法获得签证。

CURRENT STARTUP VISA LEGISLATIVE PROPOSALS*

U.S. SENATE

S. 189, The StartUp Visa Act

S. 310, Startup Act 3.0

S. 744, The Border Security, Economic Opportunity, and Immigration Modernization Act

U.S. HOUSE OF REPRESENTATIVES

H.R. 714, Startup Act 3.0

H.R. 2131, The SKILLS Visa Act

*Proposals known to Kauffman Foundation.

尤因·马里昂·考夫曼基金会列举的关于"创业签证"的提案。

无独有偶。申请破产保护的汽车之城底特律，其所在的密歇根州州长里克·斯奈德也希望国会能特批5万个名额，吸引5万名技术移民到底特律的"广阔天地，大有作为"。

在自行寻找移民改革出路的大道上，马萨诸塞州和密歇根州并不孤单，与其同行的已有五六个州，其中也包括犹他州。2011年，为了解决非法移民问题，犹他州州议会批准了一项"客工"（guest worker）计划。

为了让"本地企业家"项目顺利实施，马萨诸塞州计划划拨300万美元，成立"本地企业家"基金。按H—1B签证数量统计，马萨诸塞州在全美使用H—1B签证数量最多的州中排名第六位。

美国现行H—1B签证政策可以追溯到1990年，如今这一政策已远远落后于经济发展的需求。包括加拿大和新西兰在内的一些国家不断推出创业签证计划，"筑巢引凤"，吸引高层次人才前往其国内创业。

加拿大政府甚至把广告投放到了美国的高速公路上。在从旧金山到硅谷的101高速公路上，加拿大政府打出的广告牌着实醒目，推销其"创业签证"。美国也逐渐意识到这些问题，关于"创业签证"的提案不断涌现，但又屡次胎死腹中。

2014年3月27日，尤因·马里昂·考夫曼基金会发布的一份关于企业创新的政策分析报告认为，相对于土生土长的美国公民而言，来美移民创业的比例更高。从电话发明者亚历山大·贝尔到谷歌公司创始人谢尔盖·布林，移民在美国历史上取得巨大成功的案例不胜枚举。2010年，财富500强公司中有超过40%由来美移民或移民后裔创立。

其实，关于"创业签证"的提议由来已久。"创业签证"提案也不止一次被提交美国国会讨论。其中之一便是提交至第113届国会参议院的"创业签证法案3.0"（Startup Act 3.0）。根据这一提案，美国应设立7.5万个创业签证名额，鼓励创业者在美国投资创业。创业签证的申请者最初可能仅适应于已经身在美国的H—1B签证持有者或F—1学生签证持有者。

根据提案的相关规定，创业者获得"创业签证"以后，第一年，必须注册成立一家公司，雇佣至少2名全职非家属员工，投资或融资至少10万美元。一年以后，如果满足上述条件，"创业签证"可以延期三年。在接下来的三年内，创业者必须共雇佣至少5名全职非家属员工（之前的2名员工包括在内）。也就是说，创业4年以后，只要满足上述条件，即可申请美国永久居住权（绿卡）。[①]

除包括一系列关于移民和签证的提议外，"创业签证法案3.0"还包括修改现行纳税规定鼓励向新企业投资、加速高校研究成果商业化等提议。其关于移民和签证的建议主要包括以下几点：

第一：为身份合法的外籍移民设立"企业家签证"（Entrepreneur's Visa），使他们可以待在美国创业，创造就业岗位。

第二：为在美国接受教育、在科学、技术、工程学或数学学科（science, technology, engineering or mathematics）获得硕士或博士学位的外国学生设立"STEM签证"，使他们可以拿绿卡，留在美国，运用他们的天赋和创意促进美国经济发展，创造就业岗位。

第三：取消职业移民签证（employment-based immigrant visas）国别限额，使美国企业能够雇佣到所需的高端人才。

2011年，代表堪萨斯州的共和党议员杰里·莫兰（Jerry Moran）提出"创业签证法案"（Startup Act）。"创业签证法案3.0"实际上是这一提案的三代升级版。

"创业签证法案3.0"得到众多企业家和科技公司的支持。在美国第三大城市芝加哥，2014年4月初，100多位科技公司的首席执行官向代表密歇根州的共

---

① Give me Your Entrepreneurs, Your Innovators: Estimating the Employment Impact of a Startup Visa，Dane Stangler and Jared Konczal，Ewing Marion Kauffman Foundation，February 2013

和党国会众议员代表团递交了一封联合署名信，陈述了科技公司需要外籍工程师和科学家的需求，而这部分人对美国的经济具有特殊的积极作用，敦促国会通过移民改革法案。

《芝加哥论坛报》报道说，美国对计算机工程师、软件设计师以及其他科技人才的需求缺口由来已久。许多学有专长的外籍人才原本可以弥补这一空缺，但现实却令人失望。稍微有点经济学常识的人都知道，如果人才供应增加，雇佣成本将下降。

2009年7月，现年31岁的金融衍生品交易员托德·奥哈拉创立了一家名为TOODALU的科技公司。奥哈拉说，在创立科技公司之前，他从不认为移民改革与他相关，而自从创立公司之后，他发现一些最优秀的科技人才往往来自于美国以外的国家，"我们（用美国的知识产权）培养他们，但之后他们却无法留在美国。这是我们的知识产权，却无法享受知识产权带来的益处。"

尤因·马里昂·考夫曼基金会研究认为，移民创业给美国经济发展带来的益处不容小视。2012年，移民创业的比例接近土生土长美国人创业比例的两倍。2012年，新创企业者中有27.1%是外来移民。1996年，这一比例为13.7%。

2006年至2012年，美国新成立的工程和科技公司中，大约有四分之一的创业者中至少有一名是移民。2012年，移民成立的工程和科技公司雇佣的工人数量高达56万，创造的经济价值高达630亿美元。

2011年，美国排名前50位、获风险投资的公司中，有24家公司的创业者中至少有一名是外国国籍。业内人士认为，如果提案获得批准，"创业签证"最大的受益群体将是印度人和中国人。

中国已成为赴美留学人数最多的国家，目前在美就读的中国留学生约有20万，其中大量留学生主修理工科专业。"创业签证"的通过，将给中国在美留学生创业提供更多的机会。

"创业签证法案3.0"将为怀揣高新技术又兼具创业精神的外籍人士创造留美机会，对美国经济发展和创造就业大有裨益。数十年来，在美国梦的感召下，抱有远大理想的移民克服重重困难，背井离乡来到美国，希望能够依靠勤奋和努力实现自己的梦想。

如今的美国，如果依然沉浸在昔日的光环下，只能慢慢落伍。加拿大、俄罗斯、智利、巴西、新加坡、澳大利亚和英国等国都已采取措施，提供各种优惠条件，吸引全球最优秀的人才到本国创业发展。如果美国国会在移民改革的道路上依然无动于衷，相信美国失去的不仅仅是这些高新人才，而将是整个未来。

第四节：华埠婚介所的秘密

1. 替友征婚

女，福州人。芳龄29，身高1.59米。现在是F1留学生身份，（中国）国内本科毕业，不是偷渡也不是移民。一个人奋斗在USA。没有沉鱼落雁之美，闭月羞花之貌，只有一颗朴实、善良的心。寻有相同的文化背景，持绿卡或公民人士。身高1.72米以上，年龄30—35岁，勤劳有上进心。死生契阔，与子成说。执子之手，与子偕老。

2. 23岁男征女公民

其实我也想把话说清楚，并不是真的结婚。我只是想找个人帮我办身份。具体的我也一句两句说不清楚，要愿意的话请加我QQ。不差钱！身高176，体重133磅，照片加QQ有。

3. 美籍男公民征婚，可协办身份

男，美国公民46岁。自营事业，报税高，条件良好，诚实可靠。寻20—45岁女子婚友。详情来信详谈。为你解决身份、居住、生活、工作的问题。有意者请联系……

4. 男，美国公民，华人，60多岁，诚征50岁以上华人女士，先友后婚。可帮助办身份。

每当走进美国芝加哥的一些当地华人超市，在门口张贴的告示栏里，或者浏览一些美国当地华人资讯网站，都会看到类似上述的征婚广告，熟悉情况的人都能看出其中诀窍，大多数征婚者都希望借助结婚的手段，解决在美身份问题。

现实生活中，抱有这样想法的人很多，一些人甚至会选择铤而走险，其中包括"走投无路"的华人留学生。有的中国留学生自踏上美国那一天起，找男朋友的标准之一就是美国人，中国人免谈！

按照美国移民法，依亲移民共分为两类：一类是美国公民的直属亲属，不受配额限制：包括美国公民的配偶；美国公民21周岁以下的未婚子女；美国公民的父母。

第二类是受全球移民人数限制的亲属移民，按照优先顺序分为四个优先等级：第一优先：美国公民的成年子女（21岁以上）及其他们的子女；第二优先：1. 享有永久居住权居民的配偶和未成年子女。2. 永久居住权居民的成年未婚子女及他们的子女；第三优先：美国公民的已婚子女（不论年龄）及其他们的子女；第四优先：年满或超过21岁的美国公民的兄弟姐妹。

由此来看，通过与美国公民或绿卡持有者结婚，是解决身份的一条便捷途径。

圈内人都清楚，在中国城一些婚介所里，单身华裔"王老五"颇受欢迎，单身白人男士身价更高，而单身男士也比女士更受欢迎。双方可以通过协议假结婚，一方在正式拿到绿卡后，两人分手离婚，各奔前程。市场价一般在4万至5万美元左右，甚至可以分期付款。

按照法律规定，嫁给美国公民的外籍人士自结婚之日起就可以拿美国绿卡，但这是附带条件的临时绿卡，需两年后经移民局审核批准，才能拿到永久绿卡。在双方结婚满两周年前的90天内，可以向移民局申请取消附带条件，美国籍及外籍配偶必须一起递交申请。

听圈内的中国朋友讲，华裔婚介所并不缺"货源"，生意上也主要是"中国人骗中国人"。除正常登记的客源外，婚介所还会派人到赌场周围寻找货源，一些嗜赌成性、输得精光的单身汉往往很容易"上钩"。

为了赚取中介费，唯利是图的婚介所不会如实交代"货源"的斑斑劣迹，吃亏上当的自然是别有用心的顾客，而与美国人结婚拿绿卡落得人财两空的例子也很多。

1996年，为了打击通过虚假婚姻获得美国身份，移民局把美国公民外籍配偶的美国永久居留权改为两年有效期的临时居留权。如果婚姻能维持两年，期满前的90天内，夫妻双方共同提出申请，获批后临时绿卡可以改为永久绿卡。

具体面谈过程中，移民局官员会询问夫妻两人的日常生活、共同财务状况等细节以判断婚姻关系是否属实。若移民局官员断定两人"假结婚"，那么外籍配偶的居留权将被取消，并将面临被递解出境。涉案者将面临至多5年监禁、25万美金罚款，相关福利也将被取消。

其实，在美国的一些华人社区，假结婚换绿卡早已是公开的秘密。2013年9月初，美国移民局成立特别行动小组，专门派执法人员到纽约曼哈顿华埠张贴海报，打击以假结婚骗绿卡，让人们意识到假结婚是联邦重罪。

2014年3月，移民局执法人员把海报张贴到了洛杉矶城区的主要公共汽车站。这场打击假结婚的行动在全美展开，

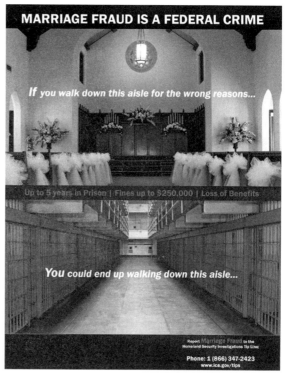

美国打击婚姻诈骗的海报

主要针对纽约、洛杉矶和华盛顿哥伦比亚特区三大城市，以醒目的海报提醒民众：结婚欺诈至多获刑5年，被罚25万美金。

海报上下并排着两张照片：第一张是神圣的教堂婚礼现场。第二张是监狱内紧闭的牢门。"If you walk down this aisle for the wrong reasons ... you could end up walking down this aisle"，意思是：如果你为了不正当目的而结婚，你的结局可能是蹲大狱。

在政府层面，美国移民局下属 "国土安全调查"（Homeland Security Investigations）机构专门负责打击假结婚给美国带来的安全隐患。2014年4月2日，美国移民局网站发布消息显示，情报部门一份报告援引"基地"组织高层头目阿布·祖贝达的话说，一些"基地"组织成员通过与美国妇女结婚，获得进入美国的签证。

祖贝达，1971年3月12日生于沙特阿拉伯，被认为是"基地"组织的第3号或第4号人物，2002年3月在巴基斯坦落网，此后一直被羁押在关塔那摩监狱，

遭受过美国中央情报局的种种酷刑。

"国土安全调查"机构发现,假结婚之名骗得美国绿卡已成为一门非法生意,并且颇为盛行。2006年,为打击结婚欺诈,"国土安全调查"机构专门成立 "(打击)文件和福利欺诈行动队"(Document and Benefit Fraud Task Forces),重拳出击有组织的婚姻欺诈犯罪。[①]

2014年4月9日,美国缅因州当地一家媒体报道,自2005年以来,联邦政府调查人员在缅因州查处40多起假结婚案。其中一名肯尼亚籍女子因涉嫌为他人"牵线搭桥"假结婚换身份获刑一年。涉及这一案件的外籍人员主要来自非洲国家,包括肯尼亚、乌干达、赞比亚和喀麦隆。

美国移民局打击结婚欺诈的行动还在继续,华埠婚姻介绍所也照常营业。但是值得警惕的是:结婚欺诈是联邦重罪,借助假结婚换取绿卡,非但可能拿不到合法身份,还可能给自己带来牢狱之灾。

---

① http://www.ice.gov/identity-benefit-fraud/

第六章：寻梦之路：中国梦与美国路

——站在十字路口的抉择

　　"另外，一些中国企业来美国以后比较喜欢创造游戏规则，因为中国的改革开放就是一个不断创造游戏规则的过程，适应环境需要不断碰撞边界，去检验什么能被容忍，什么不能被容忍，所以中国人能不断往前冲，而美国的环境需要你遵守游戏规则，碰撞边界只能带来不必要的麻烦。"

2013年5月，由中美交流基金会资助的《中美经贸关系的未来十年：迈向更深层次的互惠合作》报告在美国首都华盛顿、纽约和第三大城市芝加哥发布并举办专题研讨会。我有幸亲临现场，聆听中美关系领域的大佬们对未来10年中美关系的展望，其中包括中美交流基金会主席、前香港特别行政区行政长官董建华和美国前财政部长亨利·保尔森等。

过去35年间，中美经贸关系的发展经历了从无到有，从微不足道到举足轻重的发展历程。如今，中美已互为第二大贸易伙伴。从全球而言，中美关系为最重要的双边关系之一，中美间的经贸关系也已成为中美新型大国关系发展的"压仓石"。

统计数据显示，2012年，中国在美国的投资再创新高，接近80亿美元，高于2010年创纪录的58亿美元。在全球并购交易整体低迷的背景下，中国资本的海外运作尤为引人注目。

尤其是2008年和2009年以来，中国企业对美国的直接投资（FDI）呈快速增长势头，其中外界较关注的包括2012年年初中国石油化工集团公司（中石化）以25亿美元获得美国戴文能源公司

2014年1月31日，"欢乐春节"庆祝活动在美国芝加哥正式启动。美国芝加哥市市长拉姆·伊曼纽尔接受新华社记者专访时说，希望借芝加哥全城庆祝中国春节的契机，吸引更多的中国游客到芝加哥，增强中美经济文化交流，促进芝加哥旅游业发展。

（Devon Energy Corp.）三分之一的页岩气资产权益和2012年9月大连万达集团以26亿美元完成对美国第二大院线集团AMC娱乐控股公司的并购等，这使得万达集团由此成为全球规模最大的影院运营商。

2013年2月12日，中国海洋石油公司发布公告，中海油拟以151亿美元的价格收购加拿大尼克森公司，已获美国外国投资委员会批准。至此，交易最后的一个障碍被扫清。2月26日，中海油宣布，中海油完成收购加拿大尼克森公司的交易。收购尼克森的普通股和优先股的总对价约为151亿美元。这是中国企业成功完成的最大一笔海外并购。

中国企业在美国开疆拓土，运营能力不断提高，展现出中国企业的实力，传递中国力量，同时也凸显出中华文化的特有魅力。2013年5月29日，中国双汇国际宣布将以71亿美元收购全球最大生猪及猪肉供应商史密斯菲尔德。业内人士认为，此次收购预示着伴随美国经济复苏和中国消费层次提升，今后中美间将形成新型经贸合作关系，开拓新型商业机遇。

如今，中国的经济总量由上世纪80年代的2020亿美元增长到2014年突破10万亿美元，而按照购买力平价计算，中国的经济总量在2014年9月29日正式超过美国，成为世界第一。与此同时，中国是美国最大债权国。美国财政部数据显示，中国2014年12月持有美国国债1.2443万亿美元。除经贸交流日益密切外，中美文化交流蓬勃发展，眼下有20多万中国留学生在美国学习，中美两国"你中有我，我中有你"已成事实。

中国国家留学基金委公布的数据显示，2013年，中国在美国的留学生人数突破20万，在美中国留学生数量已连续12年排名第一。同时，美国也成为中国公派留学第一大目的国。

近些年，中国赴美留学现象呈现出一些新特点：第一，人员增多，"留学之钥"打通了中国通往世界科技强国的大门，推动了中国经济的发展。截至目前，中国科学院当选的院士中，有美国留学经历的有289人，占总人数的23%。中国工程院当选院士中有美国留学经历的有68人，占总数的7.26%。[1]

专家指出，推进中美人才交流是中国参与国际科技创新的必然选择。美国

---

[1] "公派留学呈现三特点"，《瞭望新闻周刊》，2014年第31期，P56。

拥有全球种类最多、资助量最大的奖学金制度，以确保对留学生的吸引力。而中国已经成为美国技术人才的主要来源国之一。

数据显示，在美国从事科技领域工作、非美国出生的专业人才中，来自中国且接受过本科以上高等教育的人才比例达10%，获得博士学位的比例高达22%。其中，1989年至2009年，在美获得工程与科学博士学位的外国学生中，中国留学生数量高达5.7万，占全部外籍学生的四分之一以上。[①]

2010年，中美人文交流高层磋商机制设立，这是中美关系发展史上的创新之举。在这一机制下，中美双方分别提出了"三个一万"项目和"十万强计划"，成为中美双方主导的最大的互派留学生学者项目。

针对在美留学的高科技人才，中国希望能增强自身的吸引力，促进人才环流，甚至回流中国；美国政府也想方设法，变更签证和移民政策，以期留住这部分人才。中美两国如同站在了同一个十字路口，面临着一个关键的抉择。业内人士认为，在今后相当长一段时间内，美国仍将保持人才净流入国地位。

目前，中美两国间的人才流动"逆差"现象突出。如何改变这一现状，更加重视知识和人才，将成为助推中国走向科技前沿和促进经济踏上新台阶的重要方面。

本章讲述的三位，分别是上世纪60年代、80年代和90年代留美的中国留学生。尽管留美年代不同，但他们所取得的成绩有目共睹，都成为业内佼佼者。

他们的留美学习、生活和经商经历，值得慢慢咀嚼，细细品味。相信他们的经历和故事能够对读者有所启发，引领读者寻找那份属于自己的光荣与梦想。

第一节："我对他们的羡慕变成了20年前他们对我留学美国的羡慕"
——普渡大学孔子学院美方院长眼中的"中国梦"

洪玮，1962年生于中国上海，1986年来到美国印第安纳州普渡大学攻读德语语言学博士学位，眼下是该校孔子学院美方院长、语言文化学院中文组主任。

---

① 同上。

2013年1月25日，洪玮接受了我的专访，就海外华人对中国国家领导人习近平总书记提出的"中国梦"阐述了自己的理解。

洪玮说，"中国梦"是一个全新的概念，富有丰富的内涵，具备广阔的发展空间，对海外华人具有强烈的感召力，必将激发海外华人华侨的爱国和创造热情，为"中国梦"的早日实现贡献自己的智慧和力量。

采访中，洪玮让我印象深刻的一句话是，"由于囊中羞涩，来美国后间隔七年（1993年）才第一次回国探望父母，带着两个年幼的孩子，从家人和亲戚朋友的眼光中读到了国人对留美求学的羡慕和对美国的向往。而如今，每当我回国，朋友和家人都以最自豪的姿态迎接我，他们的物质基础更加充实，精神追求更加丰富，我对他们的羡慕变成了20年前他们对我留学美国的羡慕。"

洪玮说，现在，看看在美国的中国留学生以及周围到处能听见的汉语，能使人真正意识并亲身体会到中国的强大，中国与美国间的差距大大缩小了，而作为海外华人，也能更加挺直"腰杆"、扬眉吐气。

洪玮说，中国的发展与进步时刻牵动着海外游子的心。在《人民日报》海外版上第一次读到"中国梦"的阐述时，第一个念头是这是关于现代物质文明的"美国梦"的中国翻版。不过后来仔细一想，作为在世界舞台上影响力逐渐增大的中国，"中国梦"的提出是一个全新的概念，被赋予了更

在美国印第安纳波利斯儿童博物馆展览的中国秦始皇兵马俑

多的时代和国家内涵，也具备更广阔的发展空间。

作为一名长期在美国工作和生活的华人，洪玮表示，"我理解的'中国梦'是基于人文精神上的'奉献（giving）'和'坚信（believing）'。如果我们中国人，不管身处何地，都能够奉献于他人和社会，并坚信中国的发展和前景，'中国梦'便一定能实现，也注定会是绚烂的"。

洪玮认为，眼下中国已具备了相当优势，具备了实现"中国梦"的条件。"中国梦实现的契机在于中国眼下有一届新的中央政府，以及在其领导下的中国已具备一定的经济实力。从她熟悉的对外文化交流领域而言，'中国梦'的实现过程需要完善、并向世界展示一个温文儒雅、现代且绿色、谦逊与包容的国家。"

洪玮说，从她到美国求学至今已有20多年，自己也从一名中国留学生成长为一名美国大学的教授，她本人也亲身感受到中国近些年取得的巨大经济成就和不断上升的国际地位。"刚到美国（求学）时，我住的小镇上，人们常误认为我是日本学生，学中文的学生也是寥寥无几。但是，现在普渡大学中文系的汉语课，想报名的学生要提前注册，否则就要等到下学期；如今走在校园里，每当听到学生们亲切地用汉语问候'老师，您好！'时，一种温暖在心中油然而生，那种幸福感，他人无法想象。"

不过，实现"中国梦"，中国仍然需要克服一些挑战，需要每一位中国人和海外的华人华侨同心同德，共同努力。洪玮举例说，"当我向美国同事和学生自豪地介绍中国的礼仪文化时，他们有时会真诚地问，为什么他们在中国的经历并非如我所说的那样愉快，或者他们遇见的中国人并不如我所说那么礼貌和谦让。每当遇到这样的提问，往往会令我尴尬，甚至是羞愧。"

洪玮说，"当然，我知道那只是少数中国民众的不雅素质所致；无奈的是，在美国当我们讲述中国的时候，满腔的自豪感会因为少数中国人的行为而受挫，大打折扣。因此，中国梦的实现应该是每一位中国人和海外华人集体奉献、自我完善的过程，如果我们都能克服自身缺点，多付出和奉献，实现物质小康和心灵幸福，我坚信，那将是'中国梦'的全面实现之时。"

随着中美交流日益频繁，一些人文学者可能需要常常往返于中美进行授课和交流，洪玮表示，如果签证手续能更加便利，会极大方便和鼓励中美文化交

2012年，中国驻芝加哥总领馆庆祝中华人民共和国成立63周年宴会上，中美艺术工作者合作表演，共同庆祝。

流，也能更加激发海外华人华侨的爱国热情，为实现中华民族的伟大复兴贡献自己的智慧和力量。

第二节：见证华埠变迁：从打工仔到银行家
——国泰银行董事长郑家发的"美国梦"

40多年前，他独身一人，漂洋过海，从中国香港来到美国，开始了青年求学之路。

40多年后，他带领1000多名员工，服务华人、华侨和华商，成为美国纳斯达克上市公司、华资银行——国泰银行的董事长兼总裁。

他就是郑家发：物理学博士、华侨银行家，打拼在美国，牵挂在祖国，希望能在不久的将来把国泰银行的分行开回中国。

国泰银行总部位于美国西海岸洛杉矶。2013年5月，郑家发在百忙之中抽出时间接受了我的专访，讲述了自己的海外求学经历，分享了掌门国泰的经验，而他本人打拼的故事也是"美国梦"的缩影和真实写照。

海外求学之路

郑家发，祖籍中国广东，1944年出生于一个经商世家，父亲是爱国侨领郑伟权。1962年，郑家发在香港完成了高中学业，随后打算出国留学。当时，香港只有一所大学，即香港大学，因此，不少香港学生选择到国外求学。出国留学前，郑家发在香港念了一年大学预科，并于1963年踏上了到美国的求学之路。

国泰银行总裁郑家发

经过一番刻苦攻读，1966年，郑家发大学毕业，在威斯康星大学修完应用数学和物理学专业。随后，他选择到位于纽约长岛的石溪大学攻读物理。郑家发说，之所以选择物理还有一定的历史渊源。1957年，苏联成功发射世界第一颗人造卫星，令美国朝野震惊。1961年，时任美国总统约翰·肯尼迪启动了十年登月计划。他当时认定，十年登月计划将需要大量工程师，学习物理将来必有用武之地。

1966年，诺贝尔物理奖得主杨振宁先生来到石溪大学，郑家发对杨振宁敬仰已久，这也促使他选择了物理专业。1971年，郑家发获物理博士学位，随后在俄勒冈大学从事了两年的博士后研究工作。此时，他面临着一个艰难的人生选择。

"回香港去，还是留在美国发展？"

这一念头一直萦绕在他的心头，挥之不去。

思乡情节愈发浓烈，但经过一番反复思索，郑家发认为，亚洲经济刚起步，如果回香港从事物理专业，发展的机会可能不会太大。当时，集成电路行业也在起步，他有意加入的施乐复印机公司拥有雄厚的资本和专利，并且准备在洛杉矶成立实验室。

郑家发想，如果将来回到香港或是台湾，半导体行业肯定会有前途。最终他选择留在美国发展，随后加入了施乐复印机公司。"现在来想，当初的看法也是对的，台湾现在最大的半导体行业——台积电董事长张忠谋当时也在美国当工程师，后来决定回到台湾，最终取得了今天的成就。"

供职于施乐复印机公司期间，郑家发担任研发部工程师，研究电脑系统和开发、生产和测试集成电路。1975年，郑家发的父亲郑伟权移民洛杉矶。由于郑伟权一直在香港经商，来美国之后也希望继续寻求在商业上的发展。

"我父亲发现国泰银行旁边有一块地，便把它买了下来。父亲对我说，你空余时间帮一下忙，我打算盖一个小商场（shopping center），你跟建筑师联系，筹备一下"，郑家发回忆说。

在美国做生意，向银行贷款是很平常的事，但对于刚刚踏上美国的中国移民来说，由于缺少固定资产抵押和信用记录，贷款通常比较困难。"当时在洛杉矶唐人街只有两家银行，一家是国泰银行，另外一家是美国银行的分行。后来，因为要贷款，我就跟国泰银行打起了交道。"

国泰银行成立于1962年，首任总裁由程达民担任。与美国银行的"高高在上"相比，国泰是一家当地银行，也是美国第一家由华侨投资经营的商业银行，而银行高层的华裔身份对华人也多了一分亲近感。

在充分评估风险之后，国泰银行最终答应给郑家发一家贷款。而这次与国泰银行打交道的机会使郑家发结识了程达民。两人后来结成忘年之交，也为郑家发进入银行界发展奠定了良好基础。

开启银行之路

创办之初，国泰银行注册资金只有55万美元，7名员工，经营面积不过1000平方英尺，"蜷缩在"洛杉矶中国城的一个角落里。截至2013年，国泰银行已发展成拥有资产约110亿美元，1000名员工，50家分行，在纳斯达克上市近30年的一家实力雄厚的公司。

1982年，郑家发正式加入国泰银行，担任董事一职，次年成为程达民总裁的私人助理，1984年担任国泰银行执行副总裁，1985年担任总裁（CEO），1994年开始担任董事长。

一路走来，颇为辛苦。郑家发说，由于程达民先生的推荐，他进入国泰银行董事局。一开始，刚刚转行的他并不熟悉银行业务。"我经常向程先生请教，慢慢了解银行各部门，与各部门主管接触和学习，一切从头开始。"郑家发说。

慢慢地，郑家发从银行业务当中找到了乐趣，也逐渐体会到了银行的重要性。郑家发说，因为银行有贷款业务，能够助力商人发展，对当地社区的发展也有很大推动作用。作为南加州第一家华资银行，国泰银行的创办初衷是为华人和华侨的经济发展服务，支持华埠发展，帮助华人、华商实现他们的"美国梦"。不过，国泰的发展并非一帆风顺，前后经历了4个不同寻常的阶段，也见证了洛杉矶华埠移民的发展历程。

第一阶段：1962年—1979年。其间近20年，国泰银行只有一家分行。郑家发介绍说，上世纪60年代初期，华侨在美国的经济地位很低，从事的行业不多，发展缓慢，直至1982年，出于新移民和业务增加的需求，国泰才在洛杉矶蒙特利市成立第一家分行。

第二阶段：1980年—2000年，其间20年，国泰银行实现资产由原先的1.5亿美元增长到20亿美元。1978年以后，中国台湾移民越来越多来到美国南加州，此时台湾经济也在起飞，制造业发展较为突出。台湾民众希望把孩子送到美国接受高等教育，台湾对美国的出口贸易大幅增加。为了方便往来贸易，一些台商陆陆续续在美国开办子公司和办事处。另外，1975年，二战以后美国参战人数最多、对其影响最大的战争越南战争结束。大约100万难民中的半数为越南华裔，他们纷纷从越南来到美国加利福尼亚和得克萨斯州休斯敦市。在美华侨数量迅速增长，带动了华侨在南加州的生意。

第三阶段：2000年—2007年，国泰银行在美国本土迅速扩张和发展。7年

国泰银行洛杉矶办公楼

间，国泰银行走出南加州，以美国第一大城市纽约为跳板迅速发展，前后收购了4家银行，资产由20亿美元增长为100亿美元。

2008年至今是国泰银行发展的第四阶段。受2008年美国金融危机的影响，国泰银行资产徘徊在106亿美元至116亿美元之间。郑家发说，虽然大环境严峻，但是国泰依然保持了充足的资本金迎接挑战和新的商机。

早期赴美的华裔移民，其主要目的地是以纽约为主的美国东海岸城市，携带资金少，大部分是来美国打拼赚钱的。如今，不少赴美中国移民资金雄厚，在美国投资开发寻找商机从而促进在中国产业的升级。经过半个多世纪的积累和经验，国泰银行迎来了新的发展机遇期。

2012年，国泰银行成立50周年。由于国泰银行历史较为悠久，始终对客户保持高度忠诚，银行客户数量不断增多，而国泰服务华侨的宗旨始终如一，服务质量不断提高，这也赋予了国泰在华资银行中较强的竞争力。

通过不断的学习和探讨，国泰银行探索出一条适合自身发展的道路，而郑家发也积累了丰富的银行管理经验。由于国泰银行与中国台湾、香港和大陆客户打交道的时间较长，在风险评估方面建立了一套成熟的体系，秉承稳健运营的原则，不断赢得客户的信赖，在业内也树立了良好的口碑。

郑家发说，美国发展资本主义制度，商业层面的规章制度相对健全，每个行业都有自己的"龙头"，对于希望来美国发展的中国企业而言是一件好事。中国企业可以借助这一平台，吸收"龙头"企业的经验和技术。

中国情怀不改

目前，中国企业践行"走出去"战略已经10年有余。随着中国经济地位的提高，中资银行的国际化步伐也在加快，美国作为全球重要经济体，自然少不了中资银行的参与。郑家发说，中国银行在芝加哥开设银行，中国工商银行在美国收购东亚银行旗下的十几家分行，均印证了这一发展趋势。"美国和中国目前是全球最大的经济体，中国银行应该来美国发展，美国的银行也应该走到中国去，这都在情理之中。"

由于中国在全球的经济地位不断提高，国有四大商业银行在国际上排名也很靠前，来美国发展是一件好事，可以更好地互通有无，互利共赢。不过，郑家发也直言不讳，来美国发展不会一帆风顺，日本金融机构先前在美国的扩张教训或许值得来美国发展的中国银行借鉴。

1980年至1997年间，日本几乎所有大的银行均在美国开设分行，尤其是在加州地区，商业活动很活跃。1997年亚洲金融风暴以后，日本银行"一家一家地纷纷撤离"。如今，加州地区只剩下两家银行依然拥有日资，其中一家是经营比较成功的加利福尼亚联合银行，其母公司是日本三菱东京UFJ银行，而另外一家银行是Manufacturers Bank，资产较少，在30亿美元左右，母公司是三井银行（Mitsui Bank）。

日本银行纷纷撤走一方面是日本出于自身考虑，但从侧面也反映了企业国际化的道路并非一帆风顺，困难主要体现在管理方面。郑家发说，银行涉及贷款业务，属风险行业，风险控制尤为关键。

"如果控制得比较松，容易出问题（贷款收不回来），但如果控制得过紧，则没有生意可做，所以控制是否得当完全依靠管理层。"加利福尼亚联合银行之所以比较成功，原因之一是其管理层大部分聘用了美国职业管理人，并且"本土化"程度高，大部分员工是美国人，而这样"本土化"的经营方式或许值得中国金融机构借鉴。

2013年3月22日，位于芝加哥中央商务区的中国银行芝加哥分行开业。

另外，对于来美国发展的外来银行而言，美国联邦政府的监管也更趋严格，一些外来银行遭罚重金的事屡屡发生，值得警惕。不管在美国还是中国，银行均是一个需要严格监管的行业，涉及诸多法律和规定，如旨在防止和打击洗钱的《银行保密法》条款非常严苛，必须遵守。2012年12月，汇丰银行因防范洗钱不利遭美国政府罚款19亿美元，其惨痛教训值得中国的金融机构借鉴。

作为商业公司，虽然要对股东负有责任，但国泰银行成立50周年来一直注重践行企业的社会责任。郑家发说，国泰银行与美国红十字会签署了一项为期3年的资助项目，旨在提高南加州地区民众对地震的防范和应对知识水平。郑家发说，由于南加州位于地震带，眼下至2037年，专家预计南加州地区可能发生6.5级以上的地震，危害性大。而根据调查，只有14%的受访民众对地震有所准备，86%的民众准备不足。

2003年，郑家发给中国清华大学高等研究中心捐助100万美元，助力中国高校的科研和发展。由于中国业务越来越多，国泰银行在上海设立了办事处，在香港设有一家分行。每年，郑家发会到香港和中国大陆两次，一是拜访客户，二是回乡省亲。

谈及中国变化，郑家发高兴地说，最近30多年，中国的迅速发展给他留下了深刻印象，而这种进步不仅仅体现在中国的城市化进程。以银行业为例，现在与10年前相比已有很大改善，无论在银行服务、产品、经营还是数据处理方面，中国的银行业与美国银行业几乎不分上下，中国政府对银行业的监管也日趋完善。

尽管定居美国多年，郑家发的中国情怀丝毫不减，国泰银行至今保留着庆祝中国传统节日春节的习惯。每逢春节，郑家发会组织公司员工庆祝，大年初一为员工派发红包，燃放鞭炮讨头彩。为了放鞭炮，公司每年都要提前与当地消防部门联系，消防部门会专门派消防车前来"护驾"，以免发生火灾，颇为热闹。

谈及中国大陆，郑家发的喜悦之情溢于言表，"我们一直都很希望能够在中国（大陆）开设分行"，郑家发说，由于中国银监会有相关规定，国泰银行仍在努力中，国泰银行为祖国大陆出口商服务多年，如果能在大陆设立分行，也会更好地服务中国客户。

自中国加入世界贸易组织以来，中国的银行业也逐渐对外界开放，包括国有四大银行在内，国泰银行希望能与在中国的银行建立战略伙伴关系，为中美间的金融交流架设一座桥梁，互利共赢，共同发展。

读书和散步是郑家发的两大兴趣爱好，而他对经济和世界大势方面的书籍尤其感兴趣。"最近，我在读马丁·雅克（Martin Jacques）写的《当中国统治世界：中国的崛起和西方世界的衰落》，作者以西方的视角看中国的发展和未来的世界，很有意思。"

"我是生活在美国的中国人，在商业上我们与中国的关系很密切，国泰银行服务的主要对象也是华人，在中国大陆有不少客户，中国每一天的进步我都在关注，希望有一天我们能把分行开到北京去。"

从打工仔到银行家，郑家发实现了他的华丽转身，他的故事是"美国梦"的缩影，激励着无数来美发展的中国人。

第三节："走好美国路，实现中国梦"
——倪频的成功秘诀与"万向美国帝国"

随着中国国家经济实力的增长，中国政府积极稳妥地实施"走出去"战略，而一些有能力、有魄力和有智慧的企业家，作为"走出去"的排头兵，不断进军美国市场。他们怀揣共同的梦想，打拼在异乡。

他们的故事值得倾听，他们的智慧值得分享。万向集团美国公司总裁倪频，就是他们中的杰出代表。1992年，倪频到美国肯塔基大学攻读博士，两年后创办万向美国公司。20多年后，万向美国公司成为中资企业美国本土化的一面旗帜，在业内享有极高声誉。

当前，中国企业对外投资和经营活动不断增多。然而，面对海外独特的市场环境、法律法规、文化习俗和社会关系等因素，一些企业在海外的投资和经营活动遭遇"水土不服"，而美国市场在全球化市场中又占据重要地位，不容忽视。中国企业如何进入美国市场，免遭"瓶颈"，如何在美国拓展经营，成为不少中国企业面临的难题，倪频创造的"万向美国帝国"经营得风生水起，或许能提供找到问题的线索。

位于伊利诺伊州埃尔金的万向美国公司总部

2013年9月18日，按照事先约定时间，我们从芝加哥市中心驱车60多公里来到万向美国公司总部所在地——伊利诺伊州埃尔金。倪频，个子不高，儒雅中透着智慧。随后与他的交流，也彻底印证了我对他的看法。

骆家辉："我们还欠你们一次"

万向美国公司，因收购美国锂电池制造商A123系统公司而一度处于媒体的"风口浪尖"。话题自然而然也从万向收购A123谈起。采访中，倪频向我们透露了一些鲜为人知的内幕，其中包括竞争对手江森自控如何被美国政府"利用"又"赖着不肯退出最终吃罚单"和骆家辉事后打电话"致谢"等等。

倪频以万向收购A123为例，就中国企业进军美国面临的风险以及化解方式进行了深入分析。倪频说，"不管到哪个国家投资发展，都会遇到竞争对手，最关键的因素取决于自身实力和（处理）方式。不过，进入美国市场，除竞争对手外，也必定有合作伙伴，在中国企业走出去的过程中要积极寻求合作伙伴，以减少可能面临的阻力。"

万向美国公司总部位于埃尔金，成立于1994年，主营业务是汽车零部件制造销售和清洁能源，第一个业务年在美国实现销售额350万美元。此后，万向在美国展开了战略性并购，成为一个堪称"帝国"的汽车部件制造企业集团。目前，万向美国公司在美国有26家制造工厂。据统计，2010年，每3辆美国制造的汽车中便有一辆使用了万向美国公司制造的汽车零部件。

2012年，因收购曾获美国政府注资的A123系统公司，万向美国公司成为美国保守派议员的"众矢之的"。不过，倪频说，万向美国公司在一个恰逢大选年的最坏时机，做了一件正确的事。从最初的产品销售到后来的企业并购，虽然在具体问题上可能会遇到困难，但是总体讲，万向美国公司没有遭到明显的系统化阻力。

在倪频看来，实际上，万向2012年收购A123之所以备受关注仍是商业因素使然，政治因素也受商业因素带动。从美国社会结构看，美国的行政、立法和司法互不从属，而中资企业进入美国市场，或者在美国拓展市场，可能都会面临来自这三方面的阻力。

倪频说，行政层面，美国白宫、能源部、商务部和财政部比较支持万向收购A123，尽管他们的支持与否不会产生太大差别，因为收购本身是一种市场行为，政府不一定管得着。司法层面，A123当时已进入破产程序，即进入司法体系程序，而美国司法体系相对独立。最后，万向美国公司的竞争对手（江森自控）后来被法庭警告，并被处以罚金，要求给予道歉。原因是：江森自控使用了非正当政治手段干扰司法体系，违反了法律。而这还是在双方达成和解以后，否则江森自控面临的处罚可能会更严重。

实际上，在收购过程中，万向遭遇的最大问题来自立法体系。所有中国企业进入美国市场、投资和发展遇到问题的都涉及立法体系。倪频形象地比喻，"第一条，美国的立法体系就像刮风一样，没有准头，似乎完全取决于美国政治环境。第二条，美国立法体系具备民主社会特征，总会有不同声音，绝对会有反对声音，不管谁来做，做什么，总会有人唱反调，这是民主社会的一个显著特征。"

A123是奥巴马政府推行经济刺激计划的产物，曾接受过政府的注资。去年，A123被收购过程中，一些美国议员提出强烈的反对意见，撰文反对万向接手A123，担心其先进的电池技术落入中资企业之手。

倪频说，"任何一个项目，尤其是在政治上不正确的时候，唱反调的声音就会很大，因为议员们发表言论不需要成本，因为这是一个‘廉价的话题’（cheap subject），只有加分作用，不用担心遭受损失。”

比如说，第一，议员们讲“国家安全”，政治上正确；第二，议员们讲美国就业劳动机会，政治上没有问题，至少从选民角度而言。尤其是，一些选区内存在军事基地，选区内很多军属，如果想要当选，竞选人必须要谈及“国家安全”问题，以争取选民支持。倪频说，“刮风的最大问题是不可控性，你永远控制不住风向。不过，刮风也存在两个好处。其一，刮风具有间歇性，一阵一阵的，你可以不去理它，你不能动。其二，风（触及的）是表面东西，内在的、核心的、本质的东西接触不到。”

倪频解释说，“风怎么刮起来的，其背后存在商业动机。江森自控参与竞标便是典型例子。由于A123必须要破产，去年美国又恰逢大选。一开始，江森自控对A123公司没有兴趣，（民主党）政府授意江森自控介入，因为A123是受到政府资助的企业，而且是美国高新技术的标杆企业，如果A123落入中国人手中，或者由于中国企业介入带入破产程序又被接手，可能会对选举结果产生决定性影响，尤其是在2012年民主党和共和党选情极为胶着的背景下。”

因此，一开始，江森自控获美国政府“邀请”参与竞标A123，但直至后来才突然对A123产生了兴趣，最后甚至不愿退出收购。但实际上，美国政府并不希望江森自控完成收购A123，而这是由江森自控的公司性质决定的。

首先，江森自控是一家传统工业型公司，并且是上市公司，而A123是一家技术开发型公司，是初创公司。工业型上市公司不能收购并维持A123继续亏损。收购以后，江森自控要做的是必须关闭工厂，解雇员工，“如果不整顿，不削减，母公司将被拖垮，否则财务报表将很难看，股价会大幅下挫。A123的技术不足以改变这个公司的形态，但其亏损却足以影响江森自控的财务报表”。

对此，民主党政府心知肚明，即不能让江森自控完成这笔收购。如果江森自控完成收购，解聘A123员工，这一局面会使民主党在大选中陷入非常被动的局面，也会给共和党留下攻击的“把柄”。因此，从这一角度而言，倪频说，政府更希望万向美国公司完成这笔收购。美国能源部后来发表声明，对万向美国公司中标表示满意，其中的弦外之音便在于此。

但在收购过程中，受利益驱动，江森自控并不愿意退出，便找到一些参议员、退役将军和行业内专家撰写文章炒作，"不能让A123落到中资企业手中"。不过，这些质疑和反对意见对万向收购A123并没有产生实质性影响，而江森自控最后也招致了法庭的处罚。2013年1月28日，美国外国投资委员会正式宣布，批准万向收购A123。

谈及中资企业应如何应对立法体系风险时，倪频形象地解释说，"这好比（应对）刮起来的风，刮风的时候，你需要站在那里不动。比如一列前进中的火车，只要轨道不变，火车便不会出轨。轨道如同美国现有的社会权力结构，是由美国宪法规定的。大选年，歪风、邪风都会刮，我们要做的就是坐在火车里面，让火车沿着轨道走，千万不能站在火车顶上跳舞，火车速度本来就很快，你再手舞足蹈，风一刮，肯定会栽跟头，摔得粉身碎骨，这是一个涉及对企业管控的战略问题。"

倪频说，"在特定时候，美国白宫不是我们的支持者，但在特定时候，白宫又会支持我们，所以2012年总统选举以后，骆家辉专门给我们打电话说，'我们还欠你们一次'，因为我们（万向美国公司）在大选过程中给他们挡了很多子弹，但这都是利益使然。正所谓没有永远的敌人，也没有永远的朋友，商场也一样。"

"烫手山芋"？

从商业角度考虑，即使是眼下，美国电动汽车行业的发展无力支撑A123公司的发展，中国电动车行业的发展前景也不明朗。A123被万向收购之后会不会成为一个"烫手山芋"，业内广泛关注。

A123到底是一笔"正资产"，还是"负资产"？万向基于什么考虑要完成收购？外界质疑纷纷，倪频在采访中给出了自己的看法。

"实事求是地讲，我们自己也没有现成答案，说出去外界可能会笑话我们。不过，没有人能准确地预测未来会发生什么。从现在来看，收购A123公司绝对是一笔负资产。因为收购以后，万向需要整顿，要花费大量时间和资金，而这是一个投入的过程，它的产出不在今天，可能在将来。"

然而，将来存在不确定性。第一，A123资产的确不错，眼下市场没有成熟，将来市场成熟了，万向实现了目的。第二：整顿过程中，没有整顿好，尽管市场成熟，但依然没有取得成效，形象地解释："起了个大早，赶了个晚集"。不过，倪频说，鉴于万向在企业并购方面积累的丰富经验，出现第二种情况的可能性并不是很大。

与此同时，也不能忽视另外一种可能。倪频说，A123公司的电池技术，即磷酸铁锂技术早晚将被取代，不是技术改进的问题，而是最终被取代的问题。"现在的问题是谁来取代它"。

倪频说，电动车发展的瓶颈是电池，目前之所以发展不起来，主要原因在于电池技术的性价比达不到市场要求，技术存在边界，将来一定会有一种新电池技术取代磷酸铁锂技术。

倪频说，"A123公司原先有400多名技术专家和科学家，能覆盖电池行业所有前沿技术。覆盖的意思是，它自己不一定能做，但知道谁在干什么。现在，我们在A123的技术前沿部分增加了一个功能，即孵化器——相当于中国的产业园区。我们把现有的实验室、设备、人员、办公室和厂房等租赁给行业内最具发展潜力的公司，10家或20家，由我们挑选，然后支持其发展。"

倪频说，"当然，在选择它们的过程中，我们需要有投资权、营销权、制造权，而这些结合起来，我们在未来就拥有了选择权。我们不在乎哪一家企业会成功，只要有一家企业成功了，我们只需要跟上去就行了"。

万向美国公司之所以"敢于"这样做，也与美国现有经济结构存在密切关系。倪频说，美国经济结构创新能力特别强，自我调整能力优越，经济危机对经济发展有莫大的促进作用。"通过一次危机，它就调整自身的产业结构和发展速度。形象地讲，相当于排一次毒，每排一次，经济就会往前走一个台阶。回到电池领域，坦率地讲，美国的技术创新能力令人惊心动魄，其技术创新结构能够把才能（TALENT）和资本（CAPITAL）最有效地结合起来。"

倪频举例说，眼下进入万向孵化器的一家公司，现在来看基本上没什么太多东西，也并不太引人注意，但一个风险基金却给这家公司投入了4亿美元，助力其发展，而万向收购A123才花费了2.6亿美元。A123拥有大量设备，这种才能和资本相结合的能力，使其创新速度特别快。

谈及磷酸铁锂的技术边界时，倪频表达了对中国"一哄而上"发展的担忧。倪频说，"现在，在中国，磷酸铁锂技术一哄而上，但这种技术是有边界的，一旦技术被突破，整个行业都将面临被淘汰的风险，等到那时，中国那么多资本已经砸进去了，怎么办？"

当然，中国国内也有体制创新，例如互联网行业的创新可能比美国还要快。倪频说，"对于万向而言，磷酸铁锂技术照常发展，电池照常做，但原则上不会在美国扩张产能，单一的美国市场和中国市场都不足以支撑这一行业。即便在美国市场上，我们生产的磷酸铁锂电池所占的市场比重最大，但大规模生产也是有限制的。去年，销售1亿多美元，今年也将要销售1亿多美元。"

倪频说，"我们本身并没有放弃磷酸铁锂技术，因为现有一些市场是适合这一技术发展的，如商用车，因为这种电池的功率特别大，甚至在一些乘用车的某些应用（需要短时间释放大功率）里也能使用，但它的最大问题是价格偏高。然后是可持续性，即能量不够，需要经常充电，都是问题所在。"

"现在更有意义的地方是，我们把这个公司打开了，原来这个公司是封闭的，现在变成了一个孵化器，把技术部门单独分割出来，与磷酸铁锂业务分开，专门面向市场，因为我们有大量的实验设备、器材、硬件，甚至软件，而这些都可以为行业内其他公司所用，因为这些粗犷式发展的公司不可能投入几亿美元建造一个实验室。现在，它完全成为行业内的一个服务平台。第一，这个平台使得我们知道将来的竞争对手在哪里；第二，这个平台赋予了我们参与权，尽管在这个过程中也培养了竞争对手，但这是必然发生的事。"

全球化是一个抢位置的过程

短短二十几年，万向美国公司在美国已拥有26家制造厂。除自建的一家太阳能工厂外，其他汽车零部件制造企业均通过并购而来。因此，业内人士认为，万向美国模式在很大程度上就是并购模式，而倪频也被喻为"收购狂人"。

目前，万向美国公司拥有1.25万名员工。倪频说，在全球经济一体化结构下，最愚蠢的做法是埋着头吭哧吭哧吭哧自己干。他形象地举例说：一位中国朋友想到美国发展，向倪频咨询可行性。

"他说，美国市场很大。比如说，我是做照相机的，傻瓜相机，成本100块，卖105块，赚5块，利润微薄。但我来到美国一看，店里售价250块，中间差价很大，所以想到美国做。"

万向美国公司获得的荣誉。原中国驻美国大使李肇星在视察万向美国公司后称赞："万向美国公司的成功，不仅对中国的经济及美国的经济作出了贡献，而且对中美两国经贸合作的发展以及两国人民的友好交流作出了重要的贡献。"

"听起来似乎有道理，全球经济一体化，门打开了，可以来试试。"

"我说，我问你一个问题'你认为卖照相机这个行业是不是一个充分竞争的行业？'"

他说："应该是，在沃尔玛等超市到处都有卖相机的，应该是一个充分竞争的行业。"

"那么，我说，如果是一个充分竞争的行业，你来卖的话有没有自己特有的Monopoly power（垄断优势）？"

后来，"他说，我想明白了"。

倪频说，其实，这里面包含一个认知误区：在一个充分竞争的市场里，不可能有垄断利润。如果一款相机卖145块，很可能其成本就是140块，利润也只有5块。

"如果你没有垄断优势，你进来就是自寻死路，因为我们看到有太多的中资企业，在美国撞得头破血流，然后灰溜溜回国了"，倪频说。

"为什么会出现这种情况？坦率地讲，假如你要卖这款相机，则需要建一个销售团队。因为自己的公司在中国，从中国带团队来美国不现实，只能寻找原来卖相机的团队，如依靠沃尔玛的销售经理。"

"我们想要到美国发展，（对沃尔玛的销售经理说）你到我们这里工作怎么样，在沃尔玛多少钱，10万美元吗，我们多给你一些，15万怎么样？"

"15万美元不够，明天你倒闭了怎么办？中美关系恶化怎么办？沃尔玛给我养老金和各种福利，15万不行，你那边什么都没有。"

"那我给你20万怎么样？20万可以考虑，大不了我工作一年，另外一年可以找工作。"

最后，中国公司要建立起和美国同行一样的团队（Duplication），成本至少是原来竞争对手的一倍。倪频说，类似的模式，使你在美国重建平台的成本至少是竞争对手的一倍，因为这是后发劣势，你必须花更多的钱去做同样的事情。尽管行业不同，但道理相通。

"所以，本来你有竞争优势，因为你在中国依靠劳动力成本低，你有5块钱的优势。但来美国以后，5块钱的竞争优势被你的销售系统吃掉了，你的劣势很可能是10块钱。所以，从全球产业链角度看，你还亏5块钱。这是很多人在国际化过程中的一个认知误区。"

"当然，不是说你一定做不成，不排除在一些特殊条件下能做成。比如，那个沃尔玛的销售经理，与原先的老板有很深矛盾，一定要帮别人做，借机报仇，实际情形下存在这种可能。"

倪频说，"万向美国公司不是去重复别人做过的事情，而是要把不同的资源用一种最有效的方式结合起来，将其优势与中国、印度或是德国的优势结合起来。结合得好，在全球化过程中你就占据了一个最有利位置，（全球化）就是一个抢位置的过程。实际操作中，你可能不需要花太多钱，因为（在美国的）资产本来已经在那里，而我们在并购过程中，往往以比较低的价格并购破产的企业。"

倪频说，"我们近30家在美国的企业给我们带来的回报要远远高于在中国自己投资的汽车零部件的回报，不是高一两倍，甚至高十倍。万向美国公司的总收入也占到万向集团总利润的20%左右。但在汽车零部件领域，万向美国公司的规模已经大于在中国的规模。"

"我们希望做的是'增值'（value-added）"

通过短短几年的运作，万向美国公司实施"市场的营销本土化、管理体系本土化、资本本土化战略"，成功打入美国主流社会，成长为美国中西部最大的中资企业。谈及万向美国公司的未来规划时，倪频说，"我们最想做的是'四两拨千斤'的事情，即投入少，回报高。从专业角度看，就是'增值'（value-added）。"

"原来，我们跟美国一些议员打交道时，他们有人说万向是中国公司，抢走了美国人的工作岗位。我说，在全球化经济结构下，你还这样去定义是美国公司还是中国公司，这种观念真是太落后了。"

倪频说："我们比微软公司还美国化，为什么呢？因为我们在美国纳税，百分之百在美国纳税，而微软80%在海外交税。我们比苹果公司还美国化，苹果公司在美国不生产产品，而我们85%至90%的产品在美国生产。我们比谷歌公司好，谷歌60%的现金在美国以外，而我们所有现金都留在了美国。如果我们这样的公司还不算美国公司，那么什么样的公司算美国公司？如果这样的公司都不算是美国公司，那么你们都不能算是美国人，因为你们也都是外来的，原先的美国人实际上就是印第安人。如果按照他们的逻辑，奥巴马能算是美国人吗？似乎也不能算。所以这是一个伪命题。这个可以公开讲，所以万向在美国有一项政策，那就是在美国赚的每一分钱重新投资在美国，所以我们手头有大量的现金，可以用来投资。"

"过去两年，万向在其他行业（如房地产、油田等）的投资比在汽车领域的投资多得多。2012年，万向美国公司在全美投资了20多个房地产项目。实际上，中国企业在美国房地产做得最大的是我们。过去两年，我们在房地产的投资约为16亿或17亿美元，约合大约100亿人民币。"

据倪频介绍，从得克萨斯、加利福尼亚、科罗拉多、田纳西，到宾夕法尼亚、佛罗里达，都有万向的房地产项目。在美国中西部的房地产项目中投资更多，其中包括在威斯康星州、伊利诺伊州和印第安纳州等地方。倪频说："我们在芝加哥中心商业区也有一些投资，有的项目甚至是一个街区一个街区地买。"

"实际上，我们投资房地产项目也是借力打力，因为美国经济结构有周期性，周期性结构也给我们带来好处。万向在汽车零部件投资最多的时候是2007年和2008年，但现在回过头来看，当时的投资还不够，应该投资更多。汽车零部件行业当时正处于低谷。"

倪频说："我们眼下的日常业务依然是汽车零部件。最近两年，我们并购的较少。其中最重要的原因在于，（眼下）资产的价格高于资产的实际价值。因为，经济往下走的时候，资产可以买得很便宜，往上走的时候（即蜜月期）其成本滞后于市场需求，利润里有一部分是虚利润，所以，现在我们不太敢出手买。只能等价格回归正常之后，才能再出手。"

"美国的制造业发展前景非常不错，前提是你能把资源组合好。我们的强项在于资源组合，或者说我们是matchmaker，类似媒婆。但它必须具备跟别人组合的条件，美国的制造业跟全球其他国家制造业有很强的互补性。房地产是一个相对独立的行业，但制造业涉及'男婚女嫁'的问题，房地产类似封闭结构下单体繁殖，很难帮助它找到增值的部分。"

"2012年，我们做得比较多的还有新能源。那一年，新能源行业哀鸿遍野，大家都不看好，所以我们当时做了很多项目，只是收购A123被媒体报道得比较多，引起了大家的关注。"

2008年美国经济危机时，汽车业遭重创，美国通用汽车公司和克莱斯勒破产重组。作为汽车零部件制造企业，万向美国公司当然也受到影响。谈及经济危机对万向的影响时，倪频笑着说，"影响的正面效果大于负面效果。因为我们在那个时候'趁火打劫'了。"

"别人最困难的时候，我们把他们接手过来，而这时候也是你购买资产最便宜的时候，也就是在2007年和2008年，万向购买了很多资产。由于万向管理比较严格，尤其是对现金流的管理，再加上资本充裕，所以经济危机对万向的冲击不大。因为汽车零部件行业进入低谷以后，我们获得了定价权，在峰谷的时候，我们被通用和克莱斯勒打得要死要活的，他们要你降价再降价，你根本没有办法，你如果不做，他们就找其他公司做。进入低谷以后，很多汽车零部件制造商破产了，就剩下我们了。那个时候，我说这个零部件1块钱我们做不了，我要3块钱。因此，实际上，金融危机帮了我们不少忙。"

"竞争对手破产了，市场需求都集中到万向了，我的量根本没有减少。我们比别人只多了一口气，就像攻山头一样，你攻上去占据到一个有利位置，占好位置以后你就可以往下打，你晚到一步就要往上攻，往上攻就很困难。所以，我们一下子把竞争对手的量拿了回来，并且我们还涨价，实事求是讲，经济危机带给我们的有优势，并不都是劣势，正所谓适者生存。"

"在中国要碰撞边界，在美国要尊重规则"

从1992年8月12日到美国留学、创办公司，倪频在美国已打拼了20多年。从创业初期住19美元一晚上的廉价旅馆，到夜里开车几百公里退支票，倪频为万向赢得了良好的企业信誉，一路走来，感慨良多。谈及自己从商20多年的体会，倪频滔滔不绝……

"现在想来，总体而言，万向还算比较幸运。尽管每天总会有令人头疼的事情要处理，例如，美国税务局、海关、移民局、联邦调查局（FBI）可能都要来查。但反过来，这对我们也有好处。倒逼我们把公司做得非常阳光。现在，税务局来查，美国人（工作人员）就把他们打发了。包括税务审计、海关审计，一开始，FBI来查的时候以国家安全为由。他想知道万向在干什么，是否想盗窃美国的导弹技术等。"

"刚开始时，FBI每3个月来一趟，但后来他们就不来了，并且也帮了我们不少忙，有一些东西我们需要他们帮忙了解，他们也比较乐意帮忙。美国的环境不会因为你而改变，你必须去适应这个环境，去利用它，你不要试图去改变环境。不少中国企业刚来美国时不适应。举例说，中国公司比较看重物化的资产，比如说土地，在中国，有了土地便可以到银行去借钱；但在美国，仅有土地没有现金流，你借不了钱。美国注重资产创造价值的能力，一是硬件，二是软件。中国比较注重设备、土地和厂房；美国比较注重人才、软件和现金流。两者差别非常大。"

"另外，一些中国企业来美国以后比较喜欢创造游戏规则，因为中国的改革开放就是一个不断创造游戏规则的过程，适应环境需要不断碰撞边界，去检验什么能被容忍，什么不能被容忍，所以中国人能不断往前冲，而美国的环境需要你遵守游戏规则，碰撞边界只能带来不必要的麻烦。"

"包括我们收购A123时等待外国投资委员会审批的那个过程，我说没有任何

　　2013年4月23日，作为美国"10万人留学中国"计划的组成部分，万向美国公司与芝加哥大学签署合作协议，计划由万向美国公司为30名芝加哥大学学生提供资助，在中国进行学习和职业培训。

问题，因为有程序比没有程序好办得多。没有程序，我们面对的就像是一阵风，完全不可控；有程序，如同两列铁轨，你踏上轨道之后，往前走就应该没有问题。从很多没有通过批审的例子看，实际上是企业自己把它搞得政治化了。"

"即便是现在，在这栋楼里，我们也在做一些军工产品，但是没有任何问题，美国军事攻打伊拉克的时候，坦克的传动轮都是我们做的，只要有章可循，按照程序做就不会有问题。"

"有时候，是我们自己把问题复杂化。人家一问问题，我们首先想到的是人家歧视我。实际上，你没有那么重要，人家没有必要总盯着你不放。即便有，也不是政府要歧视你，而是竞争对手在搅局，比如说华为进入美国那么困难，肯定是竞争对手在发挥作用。"

"关键在于，你要怎样利用这个系统，你别没事站在火车顶上张牙舞爪。你一挥手，刚好被那些民选代表看到。"

"第一，我把它打下去可以获得声誉。第二，借助机会曝光。实际上，在如何应对这个问题上，一些中国企业吃过很多亏。首先，这是一个对游戏规则尊不尊重的问题。另外，善不善于对专业机构的利用，包括律师事务所和会计事务所等。"

"如果利用好这些资源，对企业可能起到事半功倍的效果。中国企业来美国发展的时候尤其要注意。此外，要利用自己的资源跟别人交换，千万别自己从头开始做。千万别想什么都自己做，因为你做不了。时间不允许，条件不允许，环境不允许，资金实力也不允许。"

"我的智慧不如他" ——"我当然应该比你强"

谈到倪频时，万向集团创始人、倪频的岳父鲁冠球曾说过这样一句话："我的智慧不如他"。聊起这句话时，倪频爽朗地笑了，"我跟你讲，《三国演义》里，刘备讲过类似的话，但当皇帝的是谁呢？是刘备，而不是其他人。"

"不过，我也跟别人讲过，包括也跟我岳父开玩笑，我当然应该比你强。我说，你连普通话都说不好，我们能说英语，当然要比你强。但这只是其中一方面，因为每个人都有自己的强项。为什么管理企业要'管'和'理'，真正能把企业管理好的人，是那些能把人用好的人。我岳父的强项就在这里，他能把人用好。"

"怎样才能把人用好呢？就是要让每个人意识到，这是他份内的事情，而不是你让他做的事情。怎样才能变成他份内的事情呢？你要理顺利益关系，让他自己当家做主人，翻身得解放。共产党当初怎么把江山打了下来，就是让劳动人民当家做主，只有这样才能把人的最大潜力激发出来。管理企业也是同理。"

倪频说："三大战役就是人民战争。实际上，都是国民党部队被争取过来，加入解放军，才取得了最终胜利。为什么，因为他们有动力，打土豪，分田地，就是这么一回事。"

"包括美国一些大企业在内，效率低下。其中一个最大的原因是都去管别人而自己不做事，因为你不可能比别人更聪明。比如说，一个CEO去管理一个清洁工。你怎么可能比他更专业，扫地是清洁工的强项。他知道什么地方什么时候需要打扫，但CEO根本不知道。"

"所以，要把利益关系理顺，要相信别人。让他把自己的智慧和才能发挥出来。万向一直提倡，做自己的老板，英文叫'be your own boss'。你不能一天到晚左看右看，自己能做就赶紧做了。当每人都成为一个英雄的时候，那么这一定是一个不可战胜的公司，这也是我们（万向）企业文化中最重要的精髓。"

当谈及投资经验，倪频说，"第一方面，需要考虑三个因素：企业、行业和团队。很可能你在一个非常优秀的企业，但所处的是一个糟糕的行业，比如说，眼下的太阳能行业，很多企业都亏损，但也有优秀企业。任何一个行业，都会有优秀企业和较差的企业"。

"当然，也有可能是一个非常糟糕的企业，但处于一个非常好的行业，例如眼下的汽车制造业，每年大幅增长。即便是一些糟糕的汽车零部件制造商，也可能被好的行业带动起来。除此之外，还要考虑团队因素。"

"一般来说，三个要素中，最好有两个要素是好的。一个是不好的，没关系，差的行业，但是有好团队、好的公司，你可以发展。稍差点的公司，但是团队不错、行业不错，整顿一下，也能够实现发展。如果三个因素中，只能挑选一个，那么一定要挑选好的团队。毛主席说过，正确路线确定之后，干部就是决定因素。只要团队好，一定能够实现发展，投资必须要参考这些因素。"

万向美国公司内部悬挂的万向集团董事局主席鲁冠球的照片

"投资要考虑的第二方面是你能创造什么价值，实际上还是增值的问题。比如说，同样是一碗水，都在付钱。如果一种情况是别人刚喝完水，另外一个人是刚从沙漠里回来，那么同样的一碗水，价值就不一样。我们讲资源整合，要能创造价值……团队好，关系理顺了，投资不可能失败。"

"目前，万向美国公司投资最赚钱的地方仍是对其主业——汽车零部件的投资。倪频说，汽车零部件投资，一个季度就能把投资收回来。很多情况下，一年的投资回报率是百分之几百。例如，投入1块钱，下一季度就能把那1块钱收回来，赚的钱已经超过1块钱。"

"这里面，我们还要讲究一点技巧。第一，汽车零部件企业在困难时候不是特别值钱，我们并购的时候很便宜。第二，买下来以后，我们对其进行整合，跟国内资源对接，然后跟客户要求涨价，因此很快就能创造效益。"

"现在，美国三大汽车制造商，福特、通用和克莱斯勒是万向美国公司的合作伙伴，我们在德国、波兰和美国，都有从福特手中接手的工厂。克莱斯勒现在是万向公司的合作伙伴，我们是股权所有人。2008年金融危机时，克莱斯勒接手了汽车零部件工厂，但后来我们把它们买了下来。"

倪频的日程安排很紧，对他的访谈远远超出了预约时间，他的美国客户早已经等候在会议室外面。

毫不夸张地讲，与倪频的对话是一种学习。他的直言、坦率，对商道的理解，对汽车和投资的观察，对事业的诚信与执着，让我深受鼓舞与启发。我们有理由相信，作为打拼在美国的杰出中国企业家代表，他的美国路将会走得更远。我们更有理由相信，将来也会有更多的中国人，追随着他的脚步，踏上美国路，成就中国梦。

后 记
——写在《大洋彼岸的陌生人：中国移民美国纪事》
出版之际

　　这是最好的时代，这是最坏的时代，这是智慧的时代，这是愚蠢的时代；这是信仰的时期，这是怀疑的时期；这是光明的季节，这是黑暗的季节；这是希望之春，这是失望之冬；人们面前有着各种事物，人们面前一无所有；人们正在直登天堂，人们正在直下地狱……

　　每每想起英国作家狄更斯《双城记》里的这段话，总能在现实生活中听到回音，寻到共鸣。没有选择的时候，我们经常报怨；而面临选择的时候，我们可能又会彷徨。

　　2015年3月3日清晨，就在沈晨定居的加州橙县欧文市，包括美国移民局、联邦调查局在内的多部门联合行动，出动大量警察和联邦探员搜查了位于欧文的一栋高级公寓，搜集相关证据，房东涉嫌经营月子中心、身份证造假、偷税和洗钱等。

　　实际上，在这次联合行动之前，执法部门经过长期卧底取证，早已掌握了大量证据，只是在等候最佳时机收网。此次联合行动覆盖南加州橙县、河滨县、洛杉矶县等地的30余家月子中心、接送公司以及相关诊所。

　　昔日中国投资移民客精挑细选、扎根美国的乐土，如今也已沦为中国生育移民的"重灾区"。中国大陆孕妇赴美生子再度成为海内外媒体关注的焦点，美国执法部门重拳出击，震惊大洋彼岸。

我们有足够的理由相信，这对于类似月子中心等一些非法的赴美生子中介机构而言，将起到一定的震慑作用，但能否彻底阻断大陆孕妇们赴美的脚步，仍有待观察。

前几日，和一个移居美国20多年的华裔朋友聊天。聊起对越来越多中国人移民美国的看法时，他思索了许久说："想成就一番大的事业，就留在中国；想享受美好的生活就移民美国；期待安逸生活的人来美国，愿意固守根系的人留在中国。"

其实，在我看来，不管是移民美国也好，还是固守中国也罢，归根结底是对一种生活方式的选择和坚守。站在人生的十字路口，我们无时无刻不面临着选择。选择原本就是一种信仰，可眼下我们缺失的恰恰就是信仰，而正是这种信仰将决定我们的一生。

2014年11月20日晚，美国总统奥巴马发表电视演讲，以行政命令的方式强推移民改革。奥巴马签署的移民新政主要涉及两方面：即童年非法入境暂缓遣返出境（DACA）和相关责任父母暂缓遣返出境（DAPA），惠及大约500万非法移民。

尽管奥巴马的移民新政并不能使非法移民直接获得国籍或绿卡，但这些非法移民可以在美国合法居留3年而免遭遣返。

对他们而言，奥巴马的移民新政是近10年来移民改革幅度最大的一次，足以令他们欢欣鼓舞。不幸的是，由于民主党在2014年的中期选举中败北，共和党全面掌控国会，致使奥巴马的移民新政遭遇前所未有的阻力，举步维艰。

2015年2月16日，得克萨斯州联邦地区法院就奥巴马2014年11月颁布的移民改革行政令做出裁决，要求暂停执行这一行政令，直至能就其合法性做出裁决。这也再度暴露出联邦政府与地方政府在移民改革问题上存在的严重分歧。

而关于非法移民问题的争论，至今未能停止。不管如何解决境内的1100万非法移民问题，都会牵一发而动全身，触及美国政治、经济、社会、文化和法制等方方面面。这也正印证了那样一个观点：没有哪个问题比移民问题更能使美国普通民众和领袖产生如此深的分歧。

从政治角度看，非法移民群体代表的是一个潜在的巨大票仓，谁掌握解决非法移民问题的主动权，谁就有可能影响美国大选选情的走向。从经济层面分析，非法移民是美国经济架构的有力支撑，全部将其遣返不仅可操作性差，并且需要付出大量的人力、物力和财力。

美国非法移民问题，涉及国家安全、经济增长、社会公正、家庭团聚和两党的政治博弈等诸多话题，密不可分而又相互掣肘，解决的难度可想而知。

美国民主党和共和党领导人只有展现出超越党派的政治智慧，凝聚共识，相互妥协，非法移民才能获得一条出路。然而，像黄云秀先生和老卢这样生活在美国的中国非法移民，苦苦等待的不仅仅是能够过上正常人生活的出路，还有迟到的公道与正义。

我们有足够的理由相信，随着中国政府大力反腐，国内"打虎"、海外"猎狐"，那些隐身于大洋彼岸的我们不曾真正熟悉的"陌生人"注定将不再陌生，中国政府也将会采取必要措施，堵住中国财富外流的"黑洞"。

我们有足够理由相信，随着国家实力的增长，中国对世界的贡献会越来越多，在国际上的影响力会越来越强，话语权也会越来越重。从中国提出亚洲基础设施投资银行（亚投行）的倡议以后，包括英国、法国、德国和意大利在内的西方国家纷纷响应可见一斑。

同样，我们更有理由相信，中美两国间的"人才逆差"问题也会逐渐改善，中国人将以生为中国人而自豪，不必偷偷摸摸到美国生孩子混国籍、拿绿卡，而身在海外的华人、华侨也更能挺直腰杆，心系中国，做到在关键时刻能为祖国挺身而出。

文至致谢，方觉最难启笔。难在许多感谢，无以言表。

拙著出版之际，向关心和培养我成长的北京外国语大学、新华社国际部、芝加哥分社、中国驻芝加哥总领馆的领导、同事和朋友们，向新华出版社编辑、本书责编张谦女士表示诚挚感谢。在这个物欲横流、喧嚣浮躁的时代，他们的信任和支持使我有勇气和力量，能够坚守本分，完成写作。

特别要向百忙之中抽出时间为本书作序的北京外国语大学英语学院美国研究中心教授、时任夏威夷大学孔子学院中方院长李期铿博士致以崇高的敬意。李老师治学严谨，一丝不苟，是我的学习和工作的榜样。

最后，向一直支持我工作的爱人左璇及我的家人表示感谢。没有家人的辛苦付出，就没有拙著的出版。他们的永远健康、快乐和幸福是我最大的心愿。由于水平所限，文中疏漏在所难免，敬请各位读者批评指正。

闫亮

2016年10月于北京